人文素质与职业素养系列教材

# 軌迹

## ——校史教育读本

主编／王韶明 周 永

中国人民大学出版社
·北京·

## 人文素质与职业素养系列教材

## 编　委　会

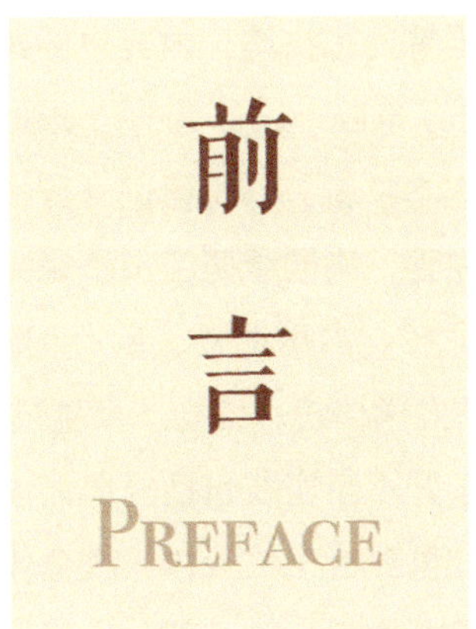

# 前言 PREFACE

人文素质和职业素养教材课程开发是学院技能型特色名校建设工程的特色项目之一。2015年恰逢学院建校60周年，60年的风风雨雨反映着时代的变迁、观念的变革，更包含了对职业教育的坚守与追求。我们接受校史教育读本编写任务时，内心有些惶惑。一是学院60年办学历史辉煌灿烂，而我仅是1978年恢复办学以后的学生，唯恐不能全面翔实反映学院发展的全貌；二是把校史作为人文素质教育的课程来研究没有先例，亦没有可借鉴的模板。但责任和使命的驱使，对母校的感恩之情，所有参与编写人员不辞辛苦的编写劳动和探索精神，给了我们力量和信心。

为什么叫《轨迹——校史教育读本》？“轨迹”是指一个点在空间移动的全部路径，其位置受某一指明的定律支配的全部点。我对轨迹的认识和理解有三：一为途径。汉司马相如《封禅文》中有“故轨迹夷易，易遵也”，郭沫若《沸羹集·序〈念词与朗诵〉》中写道“但这变化是循着一定的轨迹而前进，却是毫无可疑”。二为往迹。晋代袁宏《三国名臣序赞》中描述的“忠存轨迹，义形风色”则更加形象生动。三为轨道。因此，轨迹亦指行动应遵循的规则、程序或范围。就我们学院发展的历程而言，60年就做一件事，始终遵循职业教育办学规律，坚守“劳动”特色的DNA，致力于技能人才培养的系统化、专业化和高端化，值得赞叹！

《轨迹——校史教育读本》共分四个篇章。第一部分：时光匆匆，岁月如歌（纪年校史篇）。

由孙东、张传龙、袁燕、王国强等同志执笔，内容包括建校、更迭、升格、变迁等，记录了学院风雨兼程，一路拼搏，展开了学院一路芬芳的历史画卷，梳理了学院创业、奋斗、成长、文化凝聚的历程。第二部分：立本求新，与时俱进（劳技精神篇）。由宋爱泉等同志执笔，主要内容涵盖了学院建设日趋完善，满园绿荫，书香飘溢，机器隆隆，一派生机盎然景象，学院将坚持“高端引领、特色立校、内涵发展、多元办学”的理念，秉承“诚朴厚重、崇德尚能、团结奋进、和谐共生”的办学传统，弘扬“卓越技能、出彩人生”的校训，崇德求新，立本求新，凝练校园文化，探索并不断实践包括经典诵读、半军事化管理、第二课堂、专业化教学等内容的人文素养和职业素养“三位一体”教育体系，以名校工程建设为契机，不断成就学院建设一流高职院校的美好愿望。第三部分：追忆往昔，感念师恩（人物口述篇）。由周永、刘国柱、焦忠、孙少平、王潇、鹿玉翠等同志执笔、采编，内容主要通过人物访谈形式，追忆了老师们或温柔敦厚、循循善诱，或严谨治学、教导有方，或春风化雨、润物无声，或埋头苦干、诲人不倦，或艰苦创业、不懈追求的情形和故事。尤其突出教师虽清贫却敬业乐群，宛如红烛照亮学生，可谓桃红李白，芬芳馥郁。同时，用精彩的文字和图像呈现了无数学子由此走出，成长为各条战线的佼佼者。后记由王韶明、周永、袁燕等同志执笔，展望未来，承前启后，开拓进取，把学院锲而不舍的高技能人才培养的精神财富薪火相传，发扬光大。

本书是将校史与人文素养教育结合起来进行研究的一次尝试。学院崔秋立书记高度重视，学院领导班子认真审阅，各系部领导和广大师生踊跃参与，不吝赐教，都为本书的写就付出了辛勤劳动和汗水。编者囿于能力水平所限，可能在编写过程中会有这样那样的疏漏与不足，敬请读者、校友与有关专家、学者批评指正。

王韶明

二〇一六年五月

## 第一部分　纪年校史篇 /1

山东省高级技

第一部分

# 纪年校史篇

时光匆匆 岁月如歌

槐荫校区鸟瞰

## 一、学院概况

山东劳动职业技术学院（山东劳动技师学院）是山东省人力资源和社会保障厅直属的国办全日制普通高等院校和技师学院。

学院始建于 1955 年 1 月 18 日，是山东省劳动局创办的全省第一所技工学校（全国首批两所之一）；1990年，创建全国第一所高级技工学校；2000年，改建为山东劳动职业技术学院；2012年，加挂山东劳动技师学院牌子。

国家批准高职教育办学规模为1.2万人，技工教育办学规模为1万人。学院现有全日制在校学生1.5万人。学院是全国职业教育先进单位、国家技能人才培育突出贡献奖单位和山东省高等教育首批技能型特色名校。

### （一）办学硬件：设施先进、实力雄厚

学院有两个校区，分别位于济南市的槐荫区和长清大学科技园，总占地面积1050亩，总建筑面积33万平方米。

学院设有机械工程系、机制工艺系、电气及自动化系、汽车工程系、信息工程与艺术设计系、经济管理系、基础部和技师部共8个教学系部，拥有机械制造、数控技术、3D打印、工业机器人、精密测量、电气技术、物流快递、苹果iOS等166个校内实习中心、实训场地和集“产学研”于一体的 “校中厂”3个，各类实习、实训和生产设备7000余台（套），教学实训设备总值1亿多元，资产总值8.45亿多元。

### （二）专业建设：层次多样、优势明显

学院是面向装备制造业和现代服务业的综合类高职院校，截至2015年底有34个高职（专科）专业、2个本科贯通培养专业、17个技师专业、13个高级技工专业、5个五年一贯制大专专业、10个初中起点四年制高级技工专业。其中，电气自动化技术、焊接技术及自动化是中央财政支持的国家级重点专业；数控技术、模具设计与制造、机械设计与制造、楼宇智能化工程技术、机电一体化技术、软件技术、电子商务、物流管理、汽车检测与维修技术是省财政支持的名校工程重点建设专业；机械设计与制造专业是全国高职高专教学改革试点专业；机械装配与修理、金属切削、电气工程是国家人力资源和社会保障部一体化教学课程改革工作试点专业；电气自动化技术是山东省高职高专示范专业；数控技术、模具设计与制造、软件技术、电子商务、物流管理是山东省高职高专特色专业；机械装配与修理、金属切削、电气工程、计算机应用与维护是山东省技工院校“百强”名牌重点专业。

### （三）师资力量：双师素质、技能大师

学院70%以上的专业教师都有从事生产技术工作的经历。教师队伍中，300多人有高级职业资格证书，40多人曾荣获全国、全省技术能手和首席技师等称号，140多人有副高以上职称，其中教授21名，还有一批在全国、全省职业教育界具有一定影响力的专业学科带头人。数控技术专业和电子商务专业的教学团队是山东省高职教育优秀教学团队。学院还从企业聘请了一批全国劳模、全国技术能手、泰山产业领军人才和山东省首席技师等技能拔尖人才在

校内建立技能大师工作室，实现技能大师的绝活传承和高端引领作用。

### （四）人才培养：双证特色、卓越技师

学院始终坚持将人才培养与生产实践、产品研发和教学研究结合起来，既育人才，又出产品和教科研成果。学院是全省较早推行“双证”（高等学历证书 + 高级技能证书）教育的高职院校，始终处在全省乃至全国技能人才培养的最高端。1990 年，在全国率先走出了通过学校正规教育培养高级技工的路子；2000 年，在全国高职院校中，学院率先构筑了“大专 + 高级技工”的高技能人才“双证”培养模式；2011 年，学院实施了“卓越技师”培养计划，又在全国高职院校中率先进行“本科学历 + 技师资格”高端技能人才培养模式的创新试验。

近年来，获得国家、省级技能大赛一、二、三等奖项200多个，40余名师生因竞赛成绩突出，荣获“全国技术能手”和“山东省技术能手”称号，获得省级以上技术能手称号的师生数量居于全省同类院校首位。

### （五）就业工作：校企合作、优质就业

学院毕业生主要面向大中型企业就业，每个学生有 3 个以上岗位可以选择，现有 500 余家就业理事单位供学生实习、就业，与省内外 160 多家知名企业建立了稳定的合作关系，并依托山东省机械行业职业教育培训集团，成立校企合作理事会和校外实习就业基地，实行专业共建和订单培养。近几年的毕业生就业率均在 97% 以上，曾被评为“全省高校就业工作先进单位”“山东省高等学校创业教育示范校”，并荣获“改革开放 30 年山东教育总评榜——最具就业推动力高职院校”等荣誉称号。

### （六）校园文化：卓越技能、出彩人生

学院秉承“卓越技能、出彩人生”的校训精神，注重融合吸收中华传统文化和现代企业文化精华，培育学生的人文素养和职业素质。通过实行半军事化管理、实践教学 7S 管理、新生军训、安全教育、法制教育、心理健康教育、孝文化教育、经典诵读、知行讲坛、青年志愿者社会实践活动、社团活动、大学生科技文化艺术节、企业实习、技能竞赛等各种方式，全面推进学生的素质提升和道德实践，培养造就了大批德能兼备的高技能人才，形成了“诚朴厚重、崇德尚能、团结奋进、和谐共生”的优良传统和校风，是家长放心、学生安心的平安和谐校园。

目前，学院正按照“高端引领、特色立校、内涵发展、多元办学”的办学方针，努力把学院建设成为全国全省一流的特色鲜明的职业院校和全方位、综合性、高端技术技能人才培养基地，继续为国家和山东的装备制造业及新兴产业发展服务。

## 二、历史沿革

山东省劳动局机器制造学校

山东省劳动厅半工半读中等技术学校

1955 年 1 月 18 日，山东省人民政府批准省劳动局筹建“山东省劳动局济南工人技术学校”。

1956 年 6 月，“山东省劳动局济南工人技术学校”在济南市经十路西段建成。同时，根据劳动部统一技校名称的通知，改名为“山东省劳动局工人技术学校”，并于 9 月 1 日正式开学。

1958 年 8 月，经山东省人民委员会批准，“山东省劳动局工人技术学校”改为中等专业学校，更名为“山东省劳动局机器制造学校”。

1962 年 7 月 23 日，经劳动部批准，“山东省劳动局机器制造学校”改名为“山东省劳动厅技工学校”。

1965 年 1 月 21 日，山东省编制委员会批复，“山东省劳动厅技工学校”改名为“山东省劳动厅半工半读中等技术学校”。

1966 年 4 月 23 日，经山东省编委批准，“山东省劳动厅半工半读中等技术学校”改名为“山东省劳动厅半工半读机械学校”，作为总校，下设济南、青岛、淄博、烟台、威海、潍坊、德州、聊城、济宁九所分校。

1969 年 3 月 15 日，山东省革命委员会决定，将“山东省劳动厅半工半读机械学校”及所属九所分校，下放所在市、地革命委员会领导。

1969年11月7日，济南市革命委员会决定，“山东省劳动厅半工半读机械学校”改为“济南第六机床厂”。

1978年5月15日，山东省革命委员会决定恢复办校，“济南第六机床厂”改为“山东省劳动局技工学校”，由省劳动局直接领导。

1979年2月16日，国家劳动总局、教育部联合通知，决定以“山东省劳动局技工学校”为基础，扩建“山东技工师范学院”（本科，1985年停建）。

1990年4月14日，经国家劳动部同意，山东省人民政府批准试办“山东省高级技工学校”。

山东技工师范学院

山东省高级技工学校挂牌

山东技术学院校门

槐荫校区校门

山东劳动技师学院挂牌

2000年6月8日，山东省人民政府批准“山东省高级技工学校”更名为“山东技术学院”（技工教育）。

2000年12月26日，山东省人民政府批准“山东技术学院”与“山东省轻工业技工学校”合并，组建“山东劳动职业技术学院”（高职教育），保留“山东技术学院”（技工教育）牌子。

2004年8月6日，山东省人民政府批准学院东校区（原山东省轻工业技工学校）分出，改建为“山东技师学院”（技工教育）。

2006年5月27日，为了解决继续举办技工教育的体制障碍，经山东省劳动和社会保障厅同意，学院恢复使用“山东省高级技工学校”牌子。

2012年9月30日，山东省人民政府批准学院加挂“山东劳动技师学院”（技工教育）牌子。

## 三、领导关怀

1990 年 9 月，山东省委书记姜春云和省政协副主席翟永涥来校视察指导工作

1991 年 5 月 15 日，劳动部副部长令狐安来校视察指导工作

1991 年 6 月 25 日，中央顾问委员会委员原山东省委书记苏毅然、劳动部副部长李沛瑶、山东省委副书记副省长宋法棠、山东省政协副主席丁方明出席山东省高级技工学校成立大会

1991 年 6 月 25 日，中央顾问委员会委员原山东省委书记苏毅然、劳动部副部长李沛瑶为山东省高级技工学校揭牌

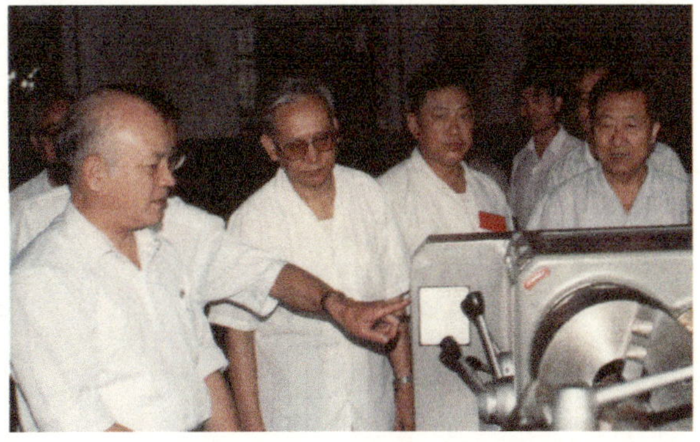

1992 年 7 月 17 日，劳动部副部长李沛瑶来校视察指导工作

1994 年 9 月 12 日，劳动部副部长刘雅芝来校视察指导工作

1994 年 10 月 12 日，山东省政协副主席、原山东大学校长吴富恒来校视察指导工作

1996 年 10 月 22 日，劳动部副部长林用三和山东省委副书记副省长宋法棠出席我院 40 周年校庆

2000 年 4 月 23 日，省人事厅厅长杨传升、省劳动和社会保障厅厅长李戈、省教育厅厅长滕昭庆来院视察指导工作

2006 年 10 月 20 日，我院在长清新校区隆重举行建校 50 周年暨新校区启用庆祝大会。省委常委柏继民、省政协副主席王修智、省劳动和社会保障厅厅长矫学柏、全国劳动模范许振超为学院新校牌、新校标揭牌

2006 年 12 月 11 日，才利民副省长来院视察指导工作

2007 年 7 月 16 日，山东省政协副主席王修智率省政协科教文卫体委员会视察团来院视察指导工作

2007 年 7 月 16 日，山东省政协副主席周鸿兴率省政协科教文卫体委员会视察团来院指导工作

2012 年 12 月 27 日，人力资源和社会保障部副部长信长星，省委组织部副部长、山东省人力资源和社会保障厅党组书记、厅长韩金峰到学院视察指导工作

2013 年 12 月 9 日，中共山东省委副书记王军民到学院视察调研指导工作

## 四、历任领导

### 山东省劳动局工人技术学校（1956—1958）
校长：郑立夫（1956—1957）
校长：王焕文（1957—1958）

### 山东省劳动厅机器制造学校（1958—1962）
书记：张大武（1961—1962）
校长：刘子陵（1958—1962）

### 山东省劳动厅技工学校（1962—1965）
书记：张大武（1962—1965）
校长：刘子陵（1962—1963）
校长：李佑民（1963—1965）

### 山东省劳动厅半工半读中等专业学校（1965—1966）
书记：张大武（1965—1966）
校长：李佑民（1965—1966）

### 山东省劳动厅半工半读机械学校（1966–1969）
书记：张大武（1966—1969）
校长：李佑民（1966—1969）

### 济南第六机床厂（1969—1975）
党委书记、革委会主任：张大武（1973—1975）

### 山东省劳动局技工学校（1978—1979）
书记：刘兴立（1978—1979）
校长：高玉峰（1978—1979）

### 山东技工师范学院（1979—1985）
书记：亓仲文（1979—1980）
副书记、副院长：钮新农（1979—1981）

副书记、副院长：孙朴风（1979—1984）
副书记、副院长：殷华元（1980—1985）
副院长：刘元吉（1979—1985）
副院长：刘兴立（1979—1985）
副院长：朱存仁（1980—1985）

## 山东省劳动局技工学校（1985—1991）

书记：芦广增（1985—1991）
校长：徐明林（1985—1991）

## 山东省高级技工学校（1991—1995）

书记：于甲戌（1991—1995）
校长、副书记：李起源（1991—1995）
副书记：芦广增（1991—1995）
副校长：徐明林（1991—1995）
副校长：马义荣（1991—1995）
副校长：孙兆霖（1991—1995）
副校长：李泗阳（1991—1995）
纪委书记：殷国瑞（1991—1995）

## 山东省高级技工学校（1995—2000）

书记：王平福（1995—2000）
校长、副书记：徐明林（1995—2000）
副书记、副校长：马义荣（1995—2000）
副校长：孙兆霖（1995—1996）
副校长：李泗阳（1995—1996）
副校长：金柏芹（1997—2000）
纪委书记：殷国瑞（1995—2000）

## 山东技术学院（2000.6—2000.12）

书记：吕殿美（2000.6—2000.12）
院长、副书记：马义荣（2000.6—2000.12）
副院长：金柏芹（2000.6—2000.12）

纪委书记：殷国瑞（2000.6—2000.12）

## 山东劳动职业技术学院（2001—2006.2）

书记：吕殿美（2001—2006.2）

院长、副书记：马义荣（2001—2006.2）

副书记：彭学政（2001—2004）

副书记、纪委书记：王兴军（2001—2006.2）

副院长：金柏芹（2001—2006.2）

副院长：王九府（2001—2004）

副院长：王韶明（2001—2006.2）

副院长：胡涌（2005—2006.2）

## 山动劳动职业技术学院（2006.2—2009.5）

书记：孙云早（2006.2—2009.5）

院长、副书记：马义荣（2006.2—2009.6）

副书记：王兴军（2006.2—2009.5）

副院长：金柏芹（2006.2—2008.11）

副院长：王韶明（2006.2—2009.5）

副院长：胡涌（2006.2—2009.5）

副书记、纪委书记：方成健（2007.2—2009.5）

副院长：周峥（2007.2—2009.5）

院长助理、党办（院办）主任：李华宾（2007.2—2009.5）

## 山动劳动职业技术学院（2009.5—2011.6）

书记：孙云早（2009.5—2011.6）

院长、副书记：张友山（2009.5—2011.6）

副书记：王兴军（2009.5—2011.6—2012.7）

副院长：王韶明（2009.5—2011.6—2012.11）

副院长：胡涌（2009.5—2011.6）

副书记、纪委书记：方成健（2009.5—2012）

副院长：周峥（2009.5—2011.6）

院长助理、党办（院办）主任：李华宾（2009.5—2011.6）

**山动劳动职业技术学院、山东劳动技师学院（2011.6— ）**

书记：崔秋立（2011.6— ）

院长、副书记：张友山（2011.6— ）

副书记：王韶明（2012.12— ）

副院长：胡涌（2011.6— ）

副院长：周峥（2011.6— ）

副院长：李华宾（2012.12— ）

纪委书记：徐有财（2012.12— ）

副院长（挂职）：潘文勇（2015.3— ）

## 五、荣誉资质

- 山东省职业技术教育先进集体（1991 年）
- 国家重点技工学校（1994 年）
- 山东省技工学校校长定点培训单位（1995 年）
- 山东省青年岗位技能培训中心（1995 年）
- 国家职业技能鉴定所（1996 年）
- 山东省卫生先进单位（1999 年）
- 国家级职业培训师资培训基地（2002 年）
- 全国职业教育先进单位（2002 年）
- 国家级高等职业教育机电类实训（师资培训）基地（2002 年）
- 山东省技师培训基地（2003 年）
- 全国技工院校骨干师资培训基地（2003 年）
- 山东省青春创业行动示范基地（2003 年）
- 国家级数控技术示范性实训基地（2005 年）
- 山东省骨干示范性职业技术学院（2005 年）
- 山东省高校文明校园（2005 年）

- 山东省高校平安校园（2006 年）
- 国家高技能人才骨干师资示范培训基地（2007 年）
- 济南市安全培训机构特种作业安全培训资质（2007 年）
- 济南市“金蓝领”项目培训基地（2008 年）
- 济南市花园式单位（2008 年，2012 年）
- 山东省德育工作优秀高校（2008 年）
- 国家高技能人才培养示范基地（2008 年）
- 全国技工院校一体化课程教学改革试点单位（2009 年）
- 山东省招标师培训基地（2009 年）
- 山东省中等职业学校骨干师资培训基地（2011 年）
- 山东省高校校园绿化管理工作达标单位（2011 年）
- 山东大学生创业就业服务基地（2011 年）
- 山东省大学生创业教育示范院校（2011 年）
- 全省高校毕业生就业工作先进集体（2012 年）
- 国家技能人才培育突出贡献奖（2012 年）
- 山东省首批技能型特色名校建设单位（2012 年）
- 山东省职业教育先进集体（2012 年）
- 国家级高技能人才培训基地（2012 年）
- 山东省大学生资助工作先进单位（2012 年）
- 山东省机械行业职业教育培训集团（2013 年）
- 山东省高职院校单独招生改革试点院校（2013 年）
- 人社部现代制造技术培训基地（2013 年）
- 国家邮政行业特有工种职业技能鉴定站（2013 年）

- 山东省“3+2”专本对口贯通分段培养试点院校（2014 年）
- 2015 年名校建设通过验收（2015 年）
- 省教育厅认定为现代学徒制试点院校（2016 年）
- 省人社厅认定为新型学徒制试点院校（2016 年）

## 媒体评价 社会公认

- 《齐鲁晚报》《大众网》：教育改革 30 年山东教育总评榜——最具就业推动力高职院校（2009 年）
- 《齐鲁晚报》：职业教育阳光招生品牌榜——最具就业推动力高职院校（2010 年）
- 《齐鲁晚报》：职业教育阳光招生品牌榜——诚信招生品牌高职院校（2010 年）
- 《大众日报》《大众网》：山东十佳求学高校（高职）评选——优势专业十佳高校（2010 年）
- 《大众日报》《大众网》：山东十佳求学高校（高职）评选——就业前景十佳高校（2010 年）
- 《齐鲁晚报》：年度综合实力前十强典范国办高职院校（2013 年）
- 《齐鲁晚报》：年度最具推动力典范国办高职院校（2013 年）
- 《新浪网》：2014 年度最受网民欢迎高职院校
- 《新浪网》：2014 年度最具就业竞争力高职院校
- 《新浪网》：2015 年度最具办学特色高职院校
- 《新浪网》：2015 年度最受网民欢迎高职院校

全国职业教育先进单位

中 华 人 民 共 和 国 教 育 部
中华人民共和国劳动和社会保障部
中华人民共和国国家经济贸易委员会
二○○二年七月

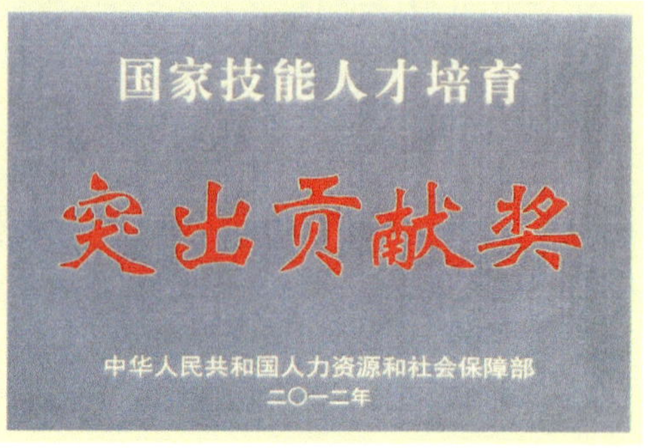


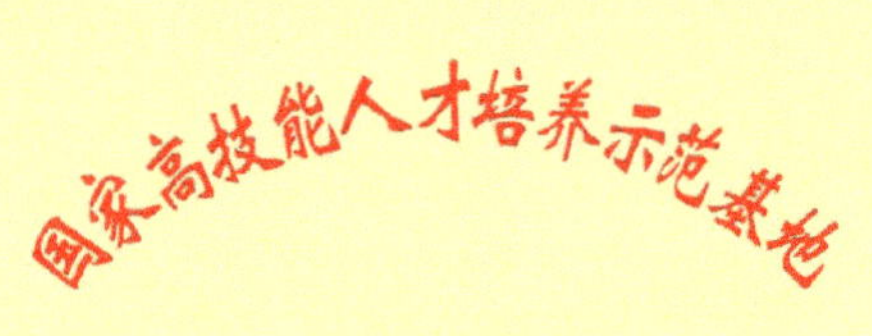


中华人民共和国人力资源和社会保障部制

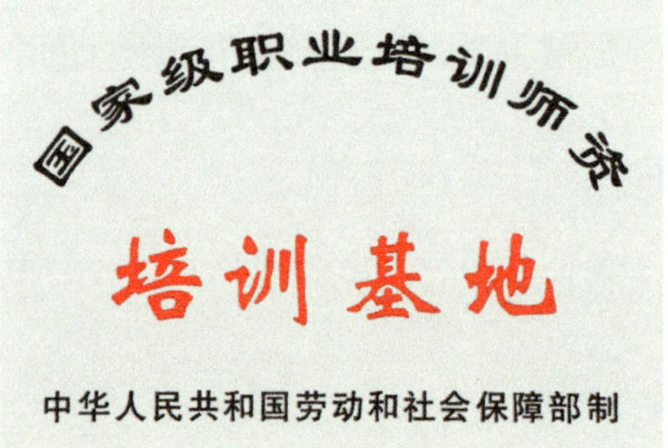

中共山东省委高校工委
山 东 省 教 育 厅
二○○五年六月

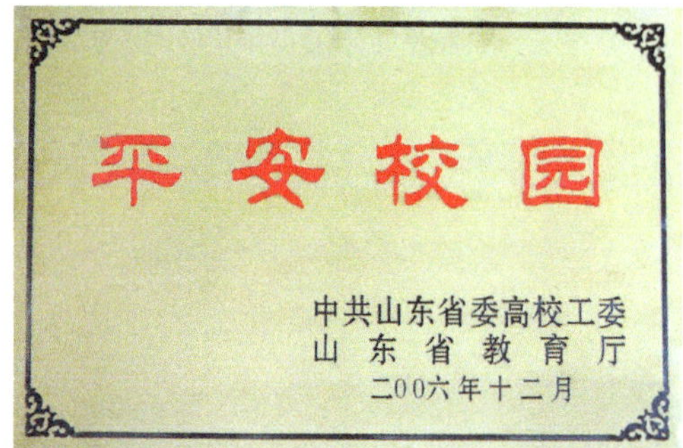

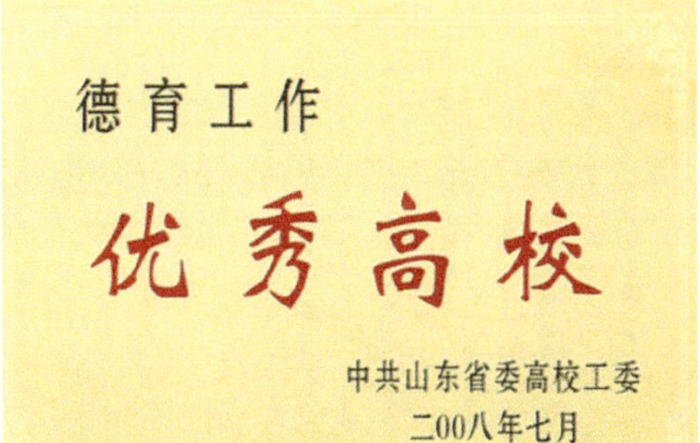

山东省大学生创业教育

示范院校

山东省人力资源社会保障厅 山东省教育厅
二〇一一年一月

山东省教育厅
山东省财政厅 文件

鲁教高字〔2012〕14号

山东省教育厅 山东省财政厅
关于公布山东省名校工程首批立项
建设单位的通知

有关高等学校：

为深入贯彻国家和省中长期教育改革和发展规划纲要精神，全面落实《山东省高等教育内涵提升计划（2011-2015年）》，引导高校面向经济和社会发展的实际需要，准确定位，特色发展，不断提高办学水平和人才培养质量，山东省教育厅、财政厅研究制订了《山东省高等教育名校建设工程实施意见》（鲁教高字〔2011〕14号），立足于人力资源市场的多元化需求，在山东省地方高校中重点建设若干所不同类型的人才培养特色名校。

技能型特色名校立项建设单位：**山东劳动职业技术学院（12329）**、莱芜职业技术学院（12330）、济宁职业技术学院（12335）、潍坊职业学院（12391）、聊城职业技术学院（12441）……

2012年11月5日

## 六、校史撷英

### （一）技工学校的诞生

学院是经中央劳动部批准并在苏联专家直接指导下创办的全国最早的两所技工学校之一，也是山东省劳动局创办的全省第一所技工学校。建校60年来，学院走出了一条具有中国特色的职业教育发展道路，为我国的技能人才培养和职业教育创新做出了突出的贡献。

新中国成立以后，国家大规模经济建设对熟练技工的要求日益增多。为了适应这一形势的发展，根据中央劳动部“筹办技工学校，培养新型的后备技工，

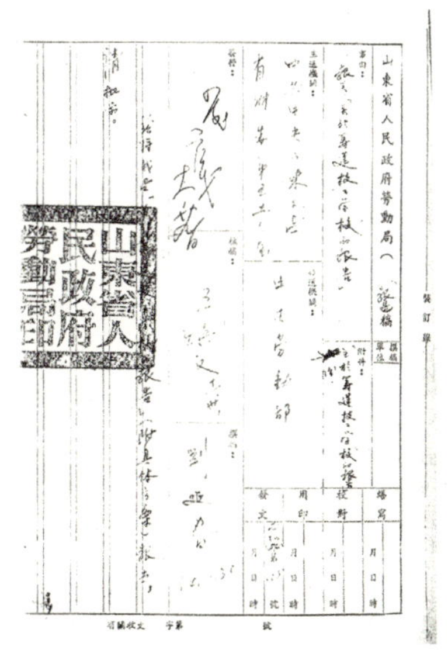

筹建报告——封面

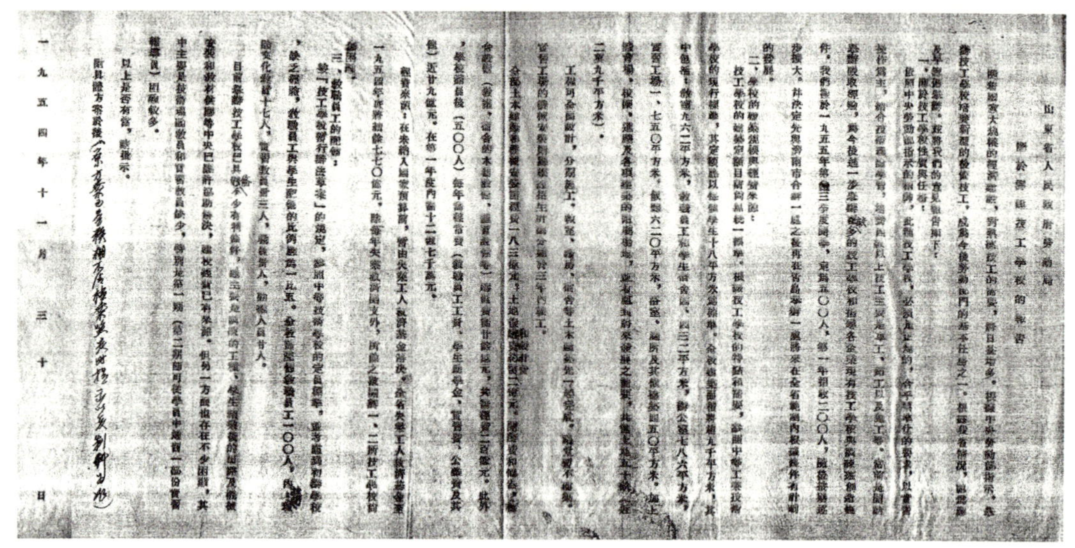

山東省人民政府勞動局

關於籌建技工學校的報告

筹建报告——正文

成为今后劳动部门基本任务之一”的指示精神，山东省人民政府劳动局于 1954 年 10 月 30 日，向中共中央山东分局、山东省人民政府正式提出了“关于筹建技工学校”的请示报告。

1955 年 1 月 18 日，山东省人民政府财政经济委员会函复省劳动局：“同意你们首先重点试办一处技工学校，以便取得经验，逐步发展。”

1955 年 4 月 19 日，中央劳动部批复技校基本建设计划任务书。8 月中旬，学校在济南市经十路西段开工兴建。

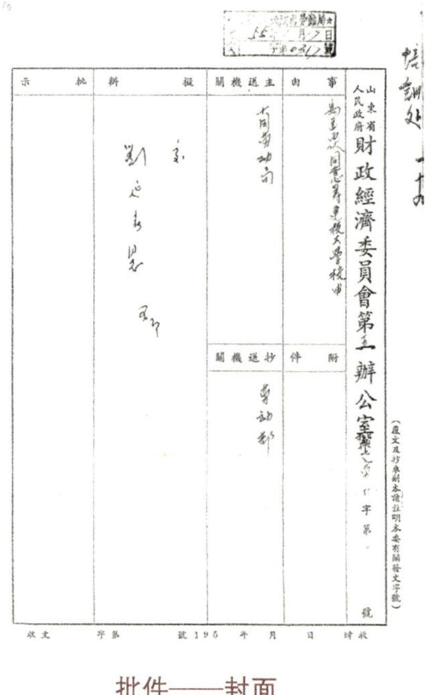

山東省人民政府財政經濟委員會第五辦公室

批件——封面

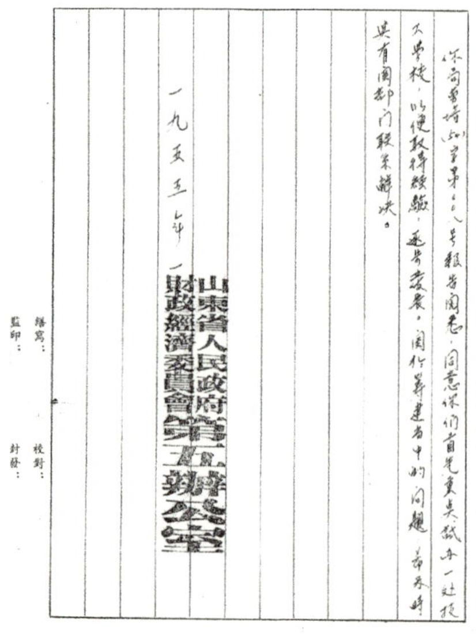

山東省人民政府財政經濟委員會第五辦公室

批件——正文

1956年8月，经过一年多的建设，学校落成。在占地面积63800平方米的校区，建起教学主楼3564平方米，实习工场3491平方米，学生宿舍2442平方米，教职工宿舍3555平方米，附属工程924平方米，总建筑面积为13976平方米。教学准备工作与基本建设同步进行。实习工场购进各种机器设备126台。

1956年9月1日，山东省劳动局济南工人技术学校正式开学。学校办学规模为450人，当年招生328人。学校设置车工、钳工、铣工、磨工、锻工五个专业工种，学制两年，培养目标为四级技术工人。

首任校长郑立夫，副校长王希周、赵炘平，首任教育科长张维民，总务科长孟庆昆，实习工场主任翟向前。学校共有教职工98名，其中，技术理论和生产实习教员39名。

后根据劳动部《关于统一规定劳动部门技校名称的通知》，学校改名为“山东省劳动局工人技术学校”。

2010年1月15日，学院党委发文（鲁劳职院党〔2010〕1号）确定1955年1月18日为建校日，每年的1月18日为建校纪念日。

## 附录：

### 《山东省人民政府劳动局关于筹建技工学校的报告》全文

随着国家大规模的经济建设，对熟练技工的需要，将日益增多。根据中央劳动部指示，举办技工学校培养新型的后备技工，成为今后劳动部门的基本任务之一。根据我省情况，认为应及早筹备举办。兹将我们的意见报告如下：

#### 一、关于技工学校的性质与任务

依照中央劳动部指示的精神，此种技工学校，必须是正规的，合乎标准化的要求，以实习操作为主，结合技术理论学习，培养四级以上技工，主要是车工、钳工以及锻工等。当前是开始举办获取经验，为今后进一步举办较多的技工学校和指导各企业现有技工学校与训练班创造条件。我们拟于1955年第三季度开学，定为500人，第一年招收200人。随后按期逐步扩大。并决定先与济南市合办一处之后，再在青岛举办一处，将来在全省范围内根据条件有计划的发展。

#### 二、学校的建筑规模与经费来源

技工学校的建筑定额目前尚无统一标准。根据技工学校的特点和需要，参照中等工业技术学校的现行标准，其定额应以每个学生18平方米为标准。全校建筑面积将建9000平方米，其中包括：教室962平方米，教职员工和学生宿舍4432平方米，办公室786平方米，实习工场1750平方米，饭厅620平方米，浴室、厕所及其他建筑450平方米。加上体育场、校园、道路及各项建筑的附属场地，并考虑到将来发展之需要，共需土地 50 亩（近 29000 平方米）。

工程可全面设计，分期施工。教室、场房、宿舍等土木工程先一起完成。礼堂暂不建筑。实习工场的机械安装则应根据招生计划分期于三年内竣工。

全部土木建筑和机械安装需经费 183 亿元。土地征费和设计费约需 2 亿元。开办费和仪器、宿舍设备（教室、宿舍的木器设备、体育设备等）经费需约 20 余亿元。共需经费 200 亿元。此外，学校满员后（500 人），每年需要经常费（教职员工工资，学生助学金、实习费、公杂费及其他）近 29 亿元。在第一年度内，需 12 亿 7000 万元。

经费来源：在未纳入国家预算之前，暂由失业工人救济基金解决。全省失业工人救济基金至 1954 年底将结余 770 亿元。除每年失业救济开支外，所余之钱开办一两所技工学校尚无困难。

### 三、教职员工的配备

按《技工学校暂行办法草案》的规定，参照中等技术学校的定员标准，并考虑到初筹学校缺乏经验，教职员工与学生配备的比例应为 1 比 5。全校需配备教职员工 100 人。内：技术理论文化教员 17 人，实习教员 33 人，职员 30 人，勤杂人员 20 人。

目前举办技工学校已具备不少有利条件，这主要是训练的工种、学生结业后的出路及机械安装和教材供应等中央已应许协助解决，建设经费已有来源。但另一方面也存在不少困难，其中主要是缺少技术理论教员和实习教员，特别是第一期（第二期即可从学员中选留一部分实习辅导员）困难较多。

以上是否有当，请批示。

附具体方案于后。（略）

一九五四年十一月三十日

第一届学生与老师的合影

### （二）高级技工学校的创建

随着改革开放的深入，工人队伍中达到技术等级标准的高级工严重不足，已影响到企业产品质量和经济效益的提高。在高级技工学校创立之前，我国的高级工都是在生产实践中自然成长起来的。这种方法已远不能适应经济发展的需要，必须探索一条通过学校更多、更快、更好地培养高级技工的路子。

#### 1. 试办高级技工班

1985 年 7 月 17 日，经山东省劳动局批准，学校开始试办机械装配与修理专业高级技工班。当年，面向省内 18 所技校的钳工专业应届毕业生，按 1∶3 的比例，招生 41 名。学制两年。

1985 级高级技工实验班毕业合影

1986 年 10 月 15 日至 16 日，在举行建校 30 周年庆祝活动期间，我校在省劳动局主办的“高级技工培训研讨会”上介绍了试办高级技工班的体会。

1987 年 7 月，首届机械装配与修理专业高级技工实验班学生毕业，受到用人单位的欢迎。这为创办高级技工学校奠定了基础。

#### 2. 创建高级技工学校

1989 年 12 月 13 日，山东省劳动局就我校试办高级技工学校问题向劳动部提出《关于试办高级技工学校的请示》（鲁劳培字〔1989〕547 号）。

1989 年 12 月 20 日，劳动部《关于同意试办高级技工学校的批复》（劳培字〔1989〕35 号），批准试办山东省高级技工学校和烟台市高级技工学校。

1990年2月2日，山东省劳动局就筹建高级技工学校向山东省人民政府提出《关于筹建高级技工学校有关问题的请示》（鲁劳培字〔1989〕055号）。

1990年4月14日，山东省人民政府《关于同意试办山东省高级技工学校和烟台市高级技工学校的批复》（鲁政函〔1990〕38号），明确两校的主要任务是为企业培养高级技术工人，不属于高等学历教育。主要招收具有中等职业技术学校毕业学历或同等学力，达到中级技工水平的在职工人，也可适量招收技工学校应届毕业生，学制为两年。

学生在校学习期间，属在职工人的，原单位照发工资，计算工龄；属技工学校毕业生的，按规定享受人民助学金。学生毕业后，原则上回原单位工作，也可分配一部分从事技工学校和企业职工培训机构的生产实习教师工作，工人身份不变。

山东省高级技工学校的领导班子按副厅级单位配备，仍属省劳动局领导。省政府批文也同时明确山东省高级技工学校以山东省劳动局技工学校为基础改建，并保留附设技工部。所需经费按原渠道解决。拟定最初招生规模为600人，开设金属切削、机械装配与修理、锻压、铸造、电气工程和烹饪等6个专业。

1990年5月21日，山东省劳动局成立山东省高级技工学校筹建领导小组（鲁劳人字〔1990〕235号），筹建小组由马承悌、李起源、于甲戌、王直平、芦广增、徐明林等同志组成。马承悌任组长，李起源兼任办公室主任。

山东省高级技工学校首届领导班子成员

1990年暑期，学校正式开始招生。8月23日，高级部1990级121名学生入学报到。

1990年9月11日，省编委（鲁编〔1990〕184号）对山东省劳动局关于省高级技校机构编制问题的报告作了批复，决定学校设党委办公室、校长办公室、人事保卫处、教务处、总务处、学生处、培训部。学校教职工编制244人，设处长7人，副处长10人。实习工厂为副处级单位，企业编制700人，配厂长1

人，副厂长2人。

1991年3月13日，中共山东省委（鲁任〔1991〕21号）批准于甲戌同志任中共山东省高级技工学校党委书记；同意提名李起源同志任山东省高级技工学校校长。

1991年3月25日，山东省人民政府（鲁政任〔1990〕2号）任命李起源同志为山东省高级技工学校校长。

### 3. 山东省高级技工学校成立大会

1991年6月25日，省劳动局在我校礼堂主持召开“山东省高级技工学校成立大会”。劳动部和省六大班子的领导同志，省有关部委的领导同志，京、津、沪、苏、冀等省、市劳动厅（局）长和全国23所职业院校、高培中心的领导同志、专家学者参加大会。大会由省劳动局副局长徐书敬主持，中顾委委员苏毅然和劳动部副部长李沛瑶为校牌揭幕，省劳动局牛耀宗局长作学校筹建情况的报告。李沛瑶副部长、宋法棠副省长、苏毅然委员讲话。李起源校长代表全校师生员工表示了不负重托、团结建校的决心。

从当晚起，山东电视台、省广播电台、中央电视一台、二台相继播发了成立大会的盛况，《光明日报》《中国劳动报》《中国教育报》《大众日报》《济南日报》《齐鲁晚报》《山东青年报》《山东工人报》《技工教育》等媒体陆续作了报道。

成立大会后，劳动部培训司在我校召开了全国高级技工学校研讨会。部分省、市劳动厅（局）长和职业院校的领导、专家参加了研讨会。

山东省高级技工学校成立大会会场

### 4. 通过劳动部组织的评审验收

1992 年 7 月 10 日至 22 日，劳动部组织评审团来校评审、验收高级技工学校办学情况。

评审团专家通过观摩学生的应知应会考试及毕业答辩，召开学生、教师、管理人员座谈会等活动来进行评分验收。

考核结果：山东省高级技工学校第一届毕业生全部取得毕业生书。参加全省统一组织的技术等级考试考核，有 47 名取得 6 级、68 名取得 7 级、6 名取得 8 级技术等级证书，达到 7、8 级高级工水平的 74 名，占毕业生总数的 61.7%，技术等级水平平均提高两级半。

评审团对我校的基本评价是：“山东省高级技工学校办学条件基本具备，教师队伍特别是生产实习教师队伍比较强，生产实习设备特别是机电加工设备比较齐全，并且具备有一定技术复杂程度的生产实习产品，既保证了学生的基本功训练，又克服了纯消耗性实习的缺点。学校经过两年的精心组织，使学生基本上达到了高级技工的水平。采用学校正规教育来培养高级工，可以加速高级技工的培养过程，是可取的，创造了应届中技毕业生可直接培养为高级工的路子。两年的实践证明是可行的，是完全可以达到的。”专家评审对我校教学管理、教学方法、技能训练、学生管理等方面都给予了较高评价。

1992 年 7 月 17 日上午，劳动部副部长李沛瑶观看了我校 1990 级学生“应知”“应会”考试，听取了高级技校评审工作的汇报，在评审总结会上说“这是一条具有中国特色的培养高级技工的路子，通过学校培养两年也可以达到高级工水平”。同时对学校的试办工作给予了充分肯定，认为成功地闯出了一条通过学校正规教育的形式加快高技能人才培养的路子。

参加评审工作的领导有劳动部培训司司长李亨业、省劳动局局长牛耀宗、省劳动局培训处处长王希臣、劳动部培训司副处长王竞、劳动部培训司副处长刘康。理论组专家有：天津职业技术师范学院副院长薛景文、航空航天部教育司处长张齐贤、冶金部鞍山高级技工培训中心高级讲师汤迅。实习组专家有：沈阳重机厂高级技师杨永智、济南汽车制造总厂专用设备厂高级技师张伟、济南第四机床厂技师金明善。

评审后，中央电视台、山东电视台以及《中国教育报》《中国青年报》《大众日报》《济南日报》《技工教育》等新闻单位陆续作了报道。

### 5. 引领和示范

我校在高级技工学校的培养目标、招生对象、专业设置、学制和办学形式、教学计划与大纲、教材建设、操作技能训练条件和教学手段、教学方法、毕业生考试考核以及学业管理等方面不断进行探索和总结，形成了高级技校办学的成熟经验，对全国高级技校的发展起到了引领和示范作用。

1994 年 9 月 14 日，出席国际劳工组织亚太技能开发署和中国劳动部联合召开的亚太地区产训结合研讨会的50多位中外高级官员和专家，在劳动部和山东省劳动厅有关领导陪同下专程来校参观。

亚太地区产训结合研讨会会场

1996年10月22日，我校举办庆祝建校40周年大会。劳动部李伯勇部长发来贺信。参加活动的领导有省委副书记、常务副省长宋法棠、劳动部副部长林用三、省人大常务副主任严庆清等。

1996年10月23日至25日，全国高级技工学校工作研讨会在我校召开。10多个部委、8个省市劳动局及11所试点高级技工学校的领导和专家参加研讨会。劳动部职业技能开发司司长张小健出席研讨会，山东省劳动厅副厅长吴鹏在会上介绍了山东省试办高级技校的经验。我校等5所高级技校也分别在会上介绍了办学经验。

全国高级技工学校研讨会会场

1996年11月5日，在广西柳州召开的中国职业教育和职业培训协会技校委员会第八次年会上，徐明林校长当选为第四届理事会常务副主任委员兼秘书长。中国职协技校委员会前身是1985年3月在江苏无锡成立的全国技工学校联合组织。我校是创始成员单位，有关领导曾担任历届副主任委员和常委。

1997年1月1日至2000年12月，中国职协技校委员会秘书处由上海迁址至我校期间，由于我校的积极工作，促进了成员单位之间的信息沟通、经验交流和经济协作，并承办了中国职协委托的工作，就技工教育中的问题反映情况、提出建议，为我国的技工教育事业改革与发展做出了突出贡献。

### （三）建设高职院校

1999年教育部出台的《面向21世纪教育振兴行动计划》指出："对于学历高等职业教育，除对现有高等专科学校、职业大学和独立设置的成人高校进行改革、改组和改制，并选择部分符合条件的中专改办（简称"三改一补"）发展高等职业教育之外，部分本科院校可以设立高等职业技术学院，基本不搞新建。挑选30所现有学校建设示范性职业技术学院。发展非学历高等职业教育，主要进行职业资格证书教育。要逐步研究建立普通高等教育与职业技术教育之间的立交桥，允许职业技术院校的毕业生经过考试接受高一级学历教育。"

20世纪90年代的后半期，我国的高级技工学校也有100多所，在职教方面基本形成了一支比较大的力量，解决了中级技校毕业生的继续深造问题。但是在全国高校扩招的大背景下，高级技校的生源质量和数量仍然受到较大影响。为此，我校决定抢抓机遇，改建高等职业院校，按照两条腿走路的思路实现新的跨越。

一条是通过学校——省劳动厅——省政府，提出把山东省高级技工学校更名为"山东技术学院"，定位为非学历高等职业教育，主要进行职业资格证书教育。经劳动部（劳社厅函〔1990〕104号）同意，2000年6月8日，省政府（鲁政字〔2000〕175号）批准我校更名为"山东技术学院"。更名后，学校教学体制、培养目标、机构设置、编制、隶属关系、经费形式等均不变。

一条是向省劳动和社会保障厅、省教育厅及省政府申请在我校设立"山东职业技术学院"。1999年12月3日，学校成立"山东职业技术学院"筹建规划领导小组，把筹建工作作为中心工作，积极进行筹备。筹建工作得到了省委、省政府、省劳动和社会保障厅以及省教育厅领导的关心和支持。省劳动和社会保障厅李戈厅长亲自协调省政府和省教委对我校申办工作给予重视和支持。邵桂芳副省长亲自听取筹建工作的汇报，并做出具体指示。省委高校工委书记、省教委滕昭庆主任专门来学校进行考察。

在筹备的过程中，国家教委高教司、职教司和劳动部培训司的领导都对我校设立山东职业技术学院进行考察和评估，对学校工作做了充分肯定：（1）办高职的标准基本达到；（2）学校有一支很强的教师队伍；（3）"产教结合"好，很有特色。

2000年2月17日，学校向省劳动和社会保障厅提出《关于申请设立“山东职业技术学院”的请示》（鲁高技〔2000〕35号）。

由于省委、省政府的高度重视，省劳动和社会保障厅、省教育厅的大力支持，以及学校师生员工的积极努力，2000年4月，学院通过了省教育厅高职专业招生专家组对高职专业招生筹备情况的评估；5月15日，省教育厅同意我校举办高职大专班（鲁教招字〔2000〕8号），暂开设机械制造工艺及设备、电气技术、计算机应用、劳动和社会保障四个专业，面向技工学校毕业生单独组织招生；5月25日，省劳动和社会保障厅在我校召开“高职大专面向技校毕业生招生工作座谈会”；6月14日，省劳动和社会保障厅向省政府转报我校关于设立山东职业技术学院的请示（鲁劳社发〔2000〕153号）；6月19日至20日，省教育厅专家评估组对我校设立高职学院筹备工作进行了评估检查；6月27日至30日，我校进行首届高职大专招生考试；12月26日，省政府印发《关于同意设立山东劳动职业技术学院的批复》（鲁政字〔2000〕338号）。该文批复省劳动和社会保障厅以及省第一轻工总会，同意将山东技术学院与山东省轻工业技工学校合并组建山东劳动职业技术学院。文件指出，山东劳动职业技术学院系专科层次的全日制普通高等学校，由省劳动和社会保障厅主管，省教育厅负责教育、教学管理；山东劳动职业技术学院为副厅级事业单位，实行校、系两级管理；山东劳动职业技术学院以实施专科层次职业技术教育为主，同时承担高、中等技工培养和其他短期培训任务，全日制专科在校生规模暂定为3000人；山东劳动职业技术学院的事业费和基本建设经费由省财政、计划部门负责。

2001年10月28日至29日，教育部专业教学改革专家评估组一行7人对我院机械制造工艺及设备专业改革试点工作进行考察评估，对我院的专业教育改革试点工作给予充分肯定，并建议将我院机械制造工艺及设备专业列为教育部专业教学改革试点专业。

2002年4月，教育部发出通知（教高司函〔2002〕71号），批准177个专业为第三批部级高职高专教育专业教学改革试点专业，我院机械制造工艺及设备专业榜上有名。

2002年7月29日至30日，全国职业教育工作会议在北京召开。我院被授予“全国职业教育先进单位”荣誉称号。

2002年10月28日至31日，全国高职高专产学研结合经验交流会在湖南永州召开。金柏芹副院长一行4人参加大会并作典型发言。11月28日至12月1日，教育部在北京举办高等职业院校管理干部培训班，我院再次被列为介绍经验的单位之一。

2002年12月9日，教育部（教高〔2002〕11号）确定第一批国家高职教育机电类实训（师资培训）项目基地，我院榜上有名。

2004年8月6日，山东省人民政府批准学院东校区（原山东省轻工业技工学校）分出改建“山东技师学院”（鲁政字〔2004〕423号）。

2004年12月6日至10日，山东省教育厅“高职院校及成人高教人才培养工作评估”

专家组一行 8 人来我院检查评估，从我院办学理念等 9 个方面给予肯定，并提出 4 项意见和建议。

山东劳动职业技术学院人才培养工作水平评估汇报会会场

2005 年 2 月，省教育厅启动“十百千”工程，计划用 3 至 5 年的时间，在全省建成 10 处职业教育实训基地，建设 100 所高标准骨干示范性中等职业学校和 10 所骨干示范性职业技术学院，建设 1000 个具有现代职业教育特色的示范专业（点），带动全省职业教育整体水平的提高。我院确定为省级骨干示范性职业技术学院建设单位，此外，我院的电气技术专业被确定为省级高等职业教育示范专业。

2005 年 3 月 14 日，中央人才工作协调小组高技能人才联合调研组一行 5 人，来我院就高技能人才培养工作进行调研。

中央人才工作协调小组高技能人才工作调研座谈会会场

2005 年 4 月 16 日，教育部高等教育教学评估中心副主任李志宏一行 3 人来我院调研并指导工作。

2005 年 4 月 20 日至 21 日，教育部高职高专人才培养工作水平评估专家组一行 5 人，来我院就人才培养工作水平情况进行复评。专家们对我院的人才培养和办学特色给予充分肯定和高度评价，学院顺利通过评估抽查。

全国高职院校人才培养工作水平评估抽查座谈会会场

2010 年 10 月 27 日至 10 月 30 日，山东省教育厅派出专家组一行 9 人，对我院的人才培养工作进行了为期 4 天的现场考察评估。在 10 月 30 日上午召开的人才培养工作评估反馈会上，专家组充分肯定了我院成绩的同时，对学院发展中存在的问题以及出现问题的深层次原因进行了分析，对学院今后的建设与发展提出了意见和建议。

山东劳动职业技术学院人才培养工作评估反馈会会场

2012 年 3 月 6 日至 7 日，山东省教育厅人才培养工作评估回访专家组一行 4 人，对我院进行了为期两天的评估回访。专家组听取了学院评建工作汇报，实地查看了学院的办学设施，进行了访谈和座谈，组织了课程建设研讨会。专家组反馈意见中对我院评估整改取得的成绩给予了高度评价。

2012 年 4 月 26 日，按照省委组织部和省人社厅统一安排，“高技能人才在山东”集中宣传活动新闻采访团到我校采访。山东电视台、人民网以及《大众日报》《山东工人报》《山东青年报》《齐鲁晚报》等媒体的记者围绕我校在高技能人才培养方面的工作进行了广泛深入的采访。

2013年3月4日，山东省教育厅发布《关于同意山东劳动职业技术学院等11所院校试行单独招生的批复》（鲁教学发〔2013〕1号）。作为单独招生改革试点院校，我院也因此成为全省唯一可面向高中、职高、中专、职专、技校毕业生单独招生的高职院校。

### （四）山东省高等教育名校建设

2012年11月5日，山东省教育厅、财政厅联合发出通知（鲁教高字〔2012〕14号），公布山东省名校工程首批立项建设单位。我院入选山东省高校首批技能型特色名校立项建设单位。

为深入贯彻国家和省中长期教育改革和发展规划纲要精神，全面落实《山东省高等教育内涵提升计划（2011—2015年）》，引导高校面向经济和社会发展的实际需要，准确定位，特色发展，不断提高办学水平和人才培养质量，山东省教育厅、财政厅研究制定了《山东省高等教育名校建设工程实施意见》（鲁教高字〔2011〕14号），立足于人力资源市场的多元化需求，在山东省地方高校中重点建设若干所不同类型的人才培养特色名校。按照应用基础型、应用型、技能型三类进行建设，实行分类管理，引导高校合理定位，克服同质化倾向，形成各自独特的办学理念和办学风格。省财政设立专项资金重点支持。我院等13所高职院校承担技能型特色名校建设任务。

技能型特色名校建设方案论证会

2012年11月13日上午，学院在槐荫校区召开省级技能型名校建设方案及任务书编写工作动员会。院党委全体成员、相关部门及系部负责人、重点建设专业负责人及部分骨干教师参加会议。会议的召开标志着学院省级技能型特色名校建设工作全面启动。

2012年12月10日，山东省人力资源和社会保障厅召开厅长办公会，专题研究我院名校建设议题。会议听取了学院党委书记崔秋立、院长张友山关于我院名校建设工程有关问题的汇报。中共山东省委组织部副部长、省人力资源和社会保障厅党组书记、厅长韩金峰做出重要指示：要按照名校建设的要求，制定建设方案，认真组织实施，实现建设目标。全厅各有关处室单位要集中力量、集中资金支持名校建设，通过名校建设，把山东劳动职业技术学院建成全省最高层次、最具示范性、最具代表性的高端技能人才培养院校。

专家组成员参观2012级卓越技师班毕业制作作品展

2013 年 4 月 9 日至 11 日，山东省教育厅特色名校建设评审专家组对我院技能型特色名校建设方案进行论证。专家组高度认可省人社厅对学院名校建设工作的支持，对学院技能型特色名校的建设方案给予充分肯定。

2014 年 12 月 27 日至 28 日，山东省教育厅专家组对我院技能型特色名校建设进行中期检查。

反馈会上，专家组认为我院在被确定为山东省技能型特色名校建设单位以来，主管部门高度重视，学院名校建设组织机构及体制机制比较完善，保障了相关工作的顺利开展。通过全院上下共同努力，建设任务正稳步推进，建设工作成效明显。同时，专家组也指出了我院在名校建设过程中存在的一些问题，并提出了宝贵的意见和建议。

崔秋立书记代表学院表示要认真研究专家组的意见和建议，消化吸收，研究办法，整改落实，并就下一步的建设工作提出四点意见。一是牢牢把握好立德树人的根本任务，形成全员育人的机制、体制和氛围，进一步完善“三位一体”的人文和职业素养培养体系。二是要把提高人才培养质量作为全部工作的核心，着眼于学生的长远发展，坚持技术技能人才培养的系统化、专业化、高端化，打造好“卓越技师”品牌。三是加强制度建设，重视理念提升。四是以攻坚克难的精神不折不扣完成名校建设的各项任务。

崔书记表示，2015 年是山东劳动职业技术学院建校 60 周年。学院将认真回顾总结 60 年的办学经验和得失，深度挖掘人才培养的规律和做法。在继承优良传统的基础上，吸收借鉴先进经验和方法，改革创新，形成特色鲜明、有生命力的人才培养体系。

2015 年 12 月 19 日至 20 日，山东省技能型特色名校建设评估专家组来校进行了评估验收。

山东省技能型特色名校建设项目评估验收会会场

三年来，学院按照名校建设方案内容及经济社会发展对高职教育的新要求，奋力拼搏，创新改革，完成了名校建设各项任务，取得了显著成效。

（1）专业建设成效显著。一是修订了人才培养方案，重点专业及卓越技师专业都组建了人才培养方案修订项目组，广泛深入到企业中，调查研究企业技能人才需求，认真分析对应岗位的知识、能力、素质，形成调研报告，按照卓越技师班、高考生源班、对口生源班三类，分层次、有针对性起草了人才培养方案。发挥校企合作理事会、专业建设指导委员会作用，对人才培养方案充分论证，同时邀请了50多名省内外国家示范校（骨干校）专业带头人和生产一线专家给予指导，使专业培养目标更能适应产业升级、经济社会发展方式转变，课程安排科学合理。在9个重点专业示范带动下，修订了23个专业的人才培养方案。二是完善课程标准。随着技术进步、工艺发展，岗位对知识、素质、技能的要求发生了较大变化，一些课程标准已经不能适应岗位需求。在深入岗位调研的基础上，学院组织全面修订了120门课程标准，编制了56门实训教学指导书。三是加强校内外实训基地建设。投入2900万元新建五轴数控、苹果iOS、机械创新工作室等高端实训场地（室）87个，满足校内基本技能和专项技能训练要求。校企合作新开发实训项目（模块）485个，使基本技能—专项技能—核心技能的训练项目更加符合技能人才成长规律。建设期内，9个重点建设专业新增长期合作企业288家，新建校外实习实训基地126个。四是学院建立了院系两级常态化专业调研制度和专业评估制度。紧紧瞄准省会城市群建设产业规划，对接山东省装备制造业、电子信息业和现代服务业对高素质技能人才的要求，形成了专业动态调整和优化机制。物流管理专业被评为省级特色专业，机电专业群建设为山东省技工院校重点专业群。

（2）体制机制创新突破。一是学院牵头成立山东省机械行业职业教育培训集团，各系依托职教集团分别成立了校企合作理事会和专业建设指导委员会，制定章程、签署合作协议，推进校企深度融合，建立了校企合作专业共建、人才共育、成果共享的体制机制。二是推进院系两级管理。按照责、权、利统一的原则，修订完善了系部教学管理办法、经费核拨办法、教科研奖励办法等管理制度，深化教学管理制度、人事财务、资产管理制度改革，扩大系部人才培养、专业建设、教学组织、招生就业、学生管理等方面的自主权，增强办学活力。三是实施绩效工资改革，改革人事和分配制度，盘活校内人力资源，实行全员聘用和岗位管理，完善目标管理和绩效考核，建立拔尖人才选聘机制，实行绩效工资改革，健全优劳优酬的分配制度，调动广大教职工的积极性、主动性和创造性。

（3）社会服务能力大幅提升。学院技能型特色名校建设的实施，提升了学院整体办学实力，服务区域经济发展的能力显著增强，在全省发挥了良好的示范带动作用。一是3年为社会培养高素质技能人才9200余人，高级工以上职业资格证书获取率达到93%，为山东经济发展做出贡献。二是校中厂为社会提供技术应用和高端加工装备服务，济南第六机床厂每年产值4000多万元。山东奥博汽车维修服务有限公司、青岛光谷教育科技有限公司、济南市中莱特尔电子科技开发中心等校中厂为社会提供各项专业服务，每年产值约380万元。三是广泛开展社会培训服务。每年开展大学生创业就业培训1200多人，面向全省职业院校承担省教育厅、人社厅委托的骨干师资培训310多人，企业职工培训和鉴定3200多人，金蓝领培训 1100 多人，培训社会服务合计收入总额 880 多万元。四是示范带动其他职业院校发展。学院积极发挥技能型特色名校的示范作用，对口支援新疆巴音郭楞职业技术学院进行干部培训、指导西藏日喀则市公共实训中心建设、帮助巨野职教中心开展师资培训。五是发挥省人社厅直属院校的地域和政策优势，通过技工院校师资培训、校长培训班等多种形式，引领技工院校深化教学改革，提高人才培养质量。举办全省技工院校校长培训班一期，全省 40 多所技工院校、120 多名技工院校校长、教务处长参加培训。接待省内外职业院校、技工院校来访学习 70 余次。

（4）品牌效应明显增强。通过技能型特色名校建设，扩大了学院的社会知名度和影响力，生源质量持续提高。2014 年，招生分数高出最低控制分数线 103 分。电气及自动化专业“3+2”对口贯通培养班以最低分 475 分一次性录满，录取山东省高职文科最高分学生；2015 年，招生分数高出最低控制分数线 152 分。毕业生就业每人有 3 个以上岗位可供选择，总体就业率保持在 97.5%以上，重点专业对口就业率保持在 85% 以上，企业用人单位满意率达到 91.7%。毕业生“素质高、技术好、能力强”，受到用人单位普遍欢迎，就业质量不断提高。全国著名职业院校深化改革研讨会在我院召开现场会，《大众日报》、新华网、《齐鲁晚报》等媒体对我院人才培养取得的成绩和特色给予了 10 多次报道。“省劳技、学技术、就业好”成为全省高职院校的知名品牌。

## 七、校园变迁

随着学校办学规模的不断扩大，为了改善师生的工作、学习和生活条件，学校通过多种渠道筹措资金，新建和改造了部分基础设施，并于 2003 年开始在长清大学科技园区征地建设新校区。

槐荫校区鸟瞰图（1996 年夏）

### （一）槐荫校区基础设施改造和新建

槐荫校区校门

槐荫校区实训教学楼

1993年4月12日，槐荫校区新教学大楼开工建设，建筑面积1.12万平方米。1996年9月10日，新建教学大楼竣工，旧教学大楼设施开始向新大楼搬迁。9月15日，建于1955年的旧教学大楼开始拆除。

1997年4月6日，新建成职工宿舍7、8、9号楼，建筑面积为1万平方米。1998年6月23日，学校党政联席会通过住房货币化分配调整方案，6月30日完成第一批分房，9月30日完成第二批分房，10月29日完成第三批分房。共有534名职工分到了住房，改善了居住条件。10月1日，六宿舍1、2号楼实施扩建改造工程，年底完工。

2000年1月19日，槐荫校区实训教学大楼开工建设，建筑面积1.6万平方米，分为A区（理论教学区）和B区（实训教学区），大楼按产、学、研结合的要求配置教学设施（备），可容纳4000至5000名学生实习，领先于当时国内的同类学校。2001年8月，槐荫校区实训教学大楼竣工。

2002年9月，为适应学院发展要求，最大限度开发利用现有资产，在实训大楼竣工后，我院重点进行校园结构布局调整。共拆除旧的生产教学用房5500平方米，改建、改造修理生产教学用房9000平方米；完成了办公楼改造、院机关搬迁，腾出原办公用房改为教室；拆除原生产实习教学车间扩建操场；工厂原办公生产用房1300平方米改造成为学生宿舍。2003年5月15日，槐荫校区新改造扩建的操场全面完工，正式投入使用。2003年10月，我院在原实习工厂喷漆车间基础上改造建成的学生餐厅正式投入使用，缓解了扩招后学生就餐拥挤的压力。同月，根据济南市市政工程的规划要求，我院经十路沿街5座楼房148家住户顺利完成搬迁。

2004年11月，校门及周边环境改造竣工。新校门由北京中房建筑设计事务所设计。

## （二）长清新校区建设

### 2003年

6月，经山东省发展改革计划委员会批准立项，学院在长清大学科技园区规划征地约1500亩（含部队靶场地块），规划建设面积约30万平方米，固定资产投资约4.8亿元。新校区工程全部建成后，可容纳学生1.5万至2万人。

7月8日，山东省劳动和社会保障厅厅长矫学柏在厅有关部门领导和学院领导的陪同下，到长清大学科技园区视察了我院新校址。矫厅长指示要精心搞好新校区的规划和建设，为学院上规模、上水平、上层次打下坚实的基础。

9月24日，学院提出三年发展规划和新校区建设意见初稿，通过教职工代表大会广泛征求意见。

9月26日，我院新校区整体规划设计招标发布会举行。来自天津大学、华中科技大学、中房集团和济南市规划设计院的四家单位参与了投标。

11月11日，省劳动和社会保障厅矫学柏厅长、刘宝合副厅长、曹可元副厅长一行来院视察新校区建设规划工作。

长清新校区规划建设鸟瞰效果图

11 月 12 日，我院新校区规划设计方案专家评审会结束，来自济南市建委、济南市规划局、山东建工学院、山东省城乡规划设计院、山东省建筑设计院的 9 位专家共同参加评审工作。经专家组评审并综合教职工投票意见，由北京中房集团设计的 D 方案和济南市规划设计院设计的 C 方案双获二等奖，并要求整合 C、D 两个方案的长处提出新的规划设计方案。11 月 23 日至 24 日，院长办公会决定将整合设计工作交由北京中房集团承担。11 月 28 日，北京中房集团的部分设计专家着手整合规划设计方案。

12 月 24 日，新校区建设工程监理暨施工队伍招标代理招标会举行。山东鲁诚招标有限公司中标，代表我院全权受理新校区建设工程的监理和施工队伍的招标发布工作。

2004 年 12 月，学院举行长清新校区奠基仪式

2006 年 3 月，学院举行专家（青年）公寓开工典礼

## 2004 年

11 月 25 日，新校区建设工程监理、施工队伍招标工作，分别于 11 月 25 日和 12 月 6 日进行。三个标段的中标单位分别是山东省泰山建设工程监理有限责任公司、山东省建设科技中心、济南中建建筑设计院和济南建工总承包集团公司、济南第一建筑集团公司、济南四建（集团）总公司。

12 月 12 日，学院召开“新校区建设工程开工动员大会”。12 月 13 日，新校区建设指挥部开始入驻工地，进行现场办公。12 月 16 日上午，新校区一期工程开工奠基仪式隆重举行，从此拉开了新校区建设的序幕。

## 2005 年

2 月，我院长清新校区一期工程全面开工。一期工程包括 1.2 万平方米的教学楼，1.5 万平方米的学生公寓，0.84 万平方米的学生餐厅。

4 月，包括我院新校区在内的长清大学科技园区建设项目等 65 个工程项目被列入年度山东省重点建设项目。我院出台新校区教职工住宅建设意见，有 300 多户教职工提交了购房申请。

长清校区 1 号、2 号教学楼

长清校区学生公寓

长清校区学生公寓（一期工程）远眺

## 2006 年

3 月，党委号召打一场建设新校区一期工程的攻坚战。

3 月 26 日，学院举行新校区专家青年公寓开工典礼。

9 月 15 日，我院新校区迎来首批高职大专学生入住，标志着学院确定的新校区一期工程建设目标基本实现。

10 月 20 日，我院在长清新校区隆重举行建校 50 周年暨新校区启用庆祝大会。

## 2007年

3月31日上午，学院在长清校区隆重举行二期工程建设开工仪式。工程计划总投资7500万元，建筑面积4.8万平方米，共建设2幢实训楼、4幢学生公寓以及中水处理工程和市政工程配套等。

4座学生公寓于3月31日开工，于9月15日交付使用。4月20日，长清校区2座实训楼（3号、4号教学楼）开工建设，于12月2日投入使用。7月22日，新校区专家（青年）公寓10栋楼262户（含52户阁楼）选房工作结束。

12月7日，学院举行了长清校区实训楼、教工住宅启用仪式。

长清校区3号、4号教学楼

## 2008年

为了迎接省委高校工委对我院德育工作的评估，学院对两校区进行了大规模的绿化、美化和维修工作。新建休读点面积达2.2万平方米，新建了校园导视系统和室廊文化设施。

长清校区休读点景观

## 2009年

经过前期学院与济南市西区热源厂多次接洽，由其垫资铺设集中供暖管线至锅炉房热源计量表外，长清校区实现集中供暖。在最大限度利用学院资源的前提下，保证了已有建筑的供热质量并为教工住宅供暖做好了准备。

## 2012年

10月29日上午，学院举行长清校区体育场工程奠基暨开工典礼。2013年5月地面工程完工，9月正式投入使用。

长清校区体育场

体育场总占地面积40157平方米，严格按照国际田联有关标准施工铺设，运动场为8跑道、400米国家一级标准，内设人造草皮足球场地，并设有跳高、跳远、铅球等运动区域。体育场还包含观众看台、篮球场18片、排球场10片、运动器材场地等部分。体育场不仅能够满足日常的体育教学、课外运动需要，同时可承接田径、足球等大型比赛及集体娱乐活动。

## 2013年

4月15日上午，学院举行长清校区第二餐厅工程奠基暨开工典礼。长清校区第二餐厅建筑面积5000平方米，分上下两层，框架结构。11月15日，主体建筑封顶。2014年7月完工，8月招标，9月1日开始营业。

长清校区第二餐厅

2013年8月，位于长清校区专家青年公寓和学生公寓之间的休闲运动广场开工建设，12月完工。休闲运动广场占地面积10642平方米，设有篮球场地8个、排球场地2个、门球场地2个、健身广场1个。

## 2014年

2月25日，学院举行长清校区技能实训中心及两栋学生公寓工程奠基暨开工典礼。这是继2013年完成标准化运动场建设以及新开工学生第二餐厅后，学院再次进行基础性硬件设施的建设。5号教学楼（技能实训中心）和13号、14号学生公寓总占地面积5148平方米，建筑面积2.53万平方米。其中，5号教学楼建成后将新增汽车专业实训场地，从而使学院长清新校区可以满足所有专业的技术技能实训要求。两栋学生公寓全部按照新型学生公寓标准建设，含独立卫生间，改善了住宿条件。

长清校区5号教学楼（2014年9月1日交付使用）

长清校区13号、14号学生公寓（2014年9月1日交付使用）

## 八、系部发展

### （一）机械工程系

机械工程系成立于 2002 年。2009 年系部调整，将机械工程系划分为机械工程系与机械制造系，分别负责高职教育和技师、高技、中职教育。2012 年撤销机械制造系，机械工程系恢复调整之前的教育功能。2014 年成立技师部，负责两年制高技、四年制高技和五年一贯制（前两年）中职教育学生日常管理，教学相关工作由机械工程系安排实施，是学院重点建设系。

机械工程系

机械工程系现有机械电子工程“3+2”本科专业，数控技术、模具设计与制造、数控设备应用与维护、机电设备维修与管理、自动化生产设备应用专业（含“互联网 +”智能制造方向）共 5 个高职专业，其中机电设备维修与管理专业与山东交通学院机械电子工程专业实施“3+2”贯通本科培养，数控技术专业、模具设计与制造专业是山东省特色专业，是山东省技能型特色名校建设重点项目，模具设计与制造专业还是国家高技能人才培养基地重点建设专业。同时，还设有数控加工、3D 智能制造、“互联网 +”机电产品营销 3 个技师专业及机床切削加工高级技工专业。

机械工程系按照“工学结合、校企共育”的人才培养模式，实施“双证”教育，颁发“大专证书 + 高级工职业资格证书”。近年来，为适应经济发展的需求，培养高端技术技能人才，在数控技术和模具设计与制造两专业实施“卓越技师”培养，颁发“大专证书 + 技师职业资格证书”，谱写了高端技术技能人才培养的新篇章。同时积极实施“订单”培养计划，与山东豪迈集团等单位实行“订单”培养，实现了招生即就业的培养模式。

机械工程系现有专任教师62名，其中教授3名，副教授17名，硕士以上学位教师21人，双师素质教师55人，国家模范教师1名，山东省教学名师1名，山东省首席技师2名，山东省突出技师1名，山东省技术能手10名，院级教学名师2名。同时从现代企业聘请工程技术人员担任兼职教师，成立了以山东省泰山产业领军人才赵峰和王钦峰等组成的技能大师工作室，让企业能工巧匠传技送艺，形成了一支以专任教师为主，专兼结合高水平的“双师型”教师队伍，满足了专业教学的需要。

系内构建了以“知识、技能、素质”为一体的“平台＋模块”课程体系，建设了“数控车加工技术”“数控铣（加工中心）”等5门课程为山东省精品课程，“机械制造技术”等9门课程为院级精品课程，编写校本教材15部，省级国家级教科研项目22项，发表论文120余篇。建有数控技术和模具设计与制造两个专业课程教学资源库，融“教中学、学中做、教学做”于一体，学生在工作情境中学习。目前，系内拥有槐荫校区和长清校区两个校区实训中心，设有数控设备维修实训室、快速成型（3D）实验室、逆向工程实验室、虚拟与现实实训室、CAD/CAM编程室等系列实验实训室；有数控车床、数控铣床、加工中心、电加工设备、数控五轴联动、车削中心等现代加工设备100余台，通用机械加工设备共200余台（套），实习设备设施功能完善。实训中心是教育部、财政部重点支持的数控技术职业教育实训基地、国家级数控实训基地、全国现代制造技术应用软件课程远程培训基地、国家级高技能人才培训基地、国家现代制造技术培训基地。建立了长期稳定的校外就业实训基地50多家。

近年来，机械工程系积极参加省级、国家级职业技能大赛，并取得了优异的成绩。先后获得一等奖12个、二等奖17个、三等奖3个；山东省大学生机电创新大赛获一等奖9个。

六十载风雨，造就精英无数；六十载沧桑，培育桃李满园。

### （二）机制工艺系

机制工艺系建于2002年6月，是学院最早创办的系之一。秉承“诚朴厚重、技精艺湛、德能双修、和谐发展”的人才培养理念。2008年1月，机制工艺系拆分为机制工艺系和机械装备系，2011年6月又重新合并为机制工艺系。历经改革与发展，形成了以高职教育为主，兼顾技师教育的格局，构建了机械设计与制造为主干的专业群，成为学院师资力量雄厚、教学理念先进、教学改革特色鲜明、教学设备配套齐全、教学管理规范的系部。

机制工艺系现有教职工49人，其中管理人员5人，专任教师39人，专职辅导员5人。教授2人，高级职称占教师总人数的31.5%。博士1人，硕士及以上学位教师占理论教师总人数的100%，“双师”素质教师占90%。高级技师11人，技师职业资格以上占实习教师总人数的88%。聘请山东省首席技师担任兼职实习指导教师，建立技能大师工作室。

机制工艺系现有43个班级，在校生2085人。近年来，组织参加各类国家、省技能大赛，

机制工艺系

取得了一等奖 8 个、二等奖 16 个、三等奖 12 个。特别是在 2014 年全国职业院校技能大赛高职组“机械设备装调与控制技术”赛项中，机制工艺系选手获得了全国第一名，这也是学院参加技能大赛历史上最好的成绩。

机制工艺系设有机械设计与制造、机械制造与自动化（工业机器人方向）、精密机械技术高职大专三个专业。机械设计与制造专业为全国高职高专教学改革试点专业、山东省特色专业、山东省名校工程重点建设专业、“3+2”本科对口贯通分段培养试点专业（衔接山东交通学院飞行器制造工程专业）、山东省职业院校现代学徒制试点专业。技工教育设有机械设备维修、机械装配、冷作钣金加工、农业机械装配与修理四个专业。机械设备维修是国家人社部一体化教学课程改革工作试点专业、山东省技工院校“百强”专业。

校内拥有 8700 平方米的实训中心，建有机械加工工艺、机床装配与维修、工业机器人、柔性制造系统、创新工作室、精密测量室等 33 个一体化实训场地，是“国家高技能人才培训示范基地”“人社部师资培训基地”“山东金蓝领培训基地”。校企合作深入开展，建立了山东天鹅棉机、石油济柴、中国重汽、济南二机床、潍柴动力等 100 多家企业的校外实训基地，为学生提供了良好的产训结合的机会。

机制工艺系始终把提高人才培养质量作为职业教育改革发展的核心任务，通过卓越技师班，探索创新高端技能人才的培养模式。颠覆学科体系，建立起以系统的典型工作任务为载体，融“教、学、做”为一体的三级任务课程体系；教师指导学生小组讨论、研究性学习，采用逆向设计制造教学方法；建立过程评价与结果评价并重考核评价体系。通过在卓越技师班中进行教学改革试点，人才培养效率和质量明显提高。

机制工艺系注重学生全面培养，建有专业社团 2 个、文艺社团 3 个，校园文化活动丰富多彩，学生以“素质高、技术好、能力强”深受用人单位的欢迎，毕业生就业率始终在 98%

以上，人才培养质量得到了社会广泛认可。

“工艺”是把原材料变成成品的方法和过程，工艺系致力于研究职业教育方法和过程。我们按照学院“高端引领、特色立校、内涵发展、多元办学”的方针，服务学生成长成才，全面提升人才培养质量，培养服务区域经济发展的高端技术技能人才。

### （三）电气及自动化系

电气及自动化系成立于 2002 年。2008 年学院在电气及自动化系基础上，扩充了电气工程系，两个系部分别负责高职和技工教育。2011 年，学院整合资源，将电气及自动化系与电气工程系又合并为电气及自动化系。

电气及自动化系

电气及自动化系是学院规模较大、整体实力雄厚的骨干系之一。系部多年来致力于高端技术技能人才培养的系统化、专业化和高端化，主要培养本科、高职大专、技工三个层次高端技术技能人才，在校生 3406 人。电气自动化技术是山东省教育厅示范专业，教育部、财政部提升专业服务产业发展能力建设专业；机电一体化技术和建筑智能化工程技术是山东省技能型人才培养特色名校建设专业；机电一体化专业群是山东省技工院校示范专业群；“电气自动化技术一体化课程组”获山东省 2012 年省级精品课程组。

电气及自动化系共有校内实训室 30 个，建筑面积 20230 平方米，设备总值 1731.98 万元，设备总数 599 台（套），工位 1128 个。满足校内技能训练需求，使基本技能、专项技能、综合技能的训练项目更加符合技术技能人才成长规律。同时，系内还大力加强校外实训基地建设，遵循增强实训系统性、提高实训有效性、强化实训针对性的原则，与济南二机床集团有限公司、中国重汽集团有限公司等 26 家企业签订协议，使学生能在校外实训基地通过实战，获得综合实践能力和综合技能。

电气及自动化系教学团队有较强的教科研实力，拥有一批学术造诣深厚且在电气自动化领域内有一定影响的学术骨干。现有教职员工 67 人，其中高级职称 15 人，中级职称 25 人，博士 2 人，硕士 29 人，具有技师和高级技师职业资格证书 35 人，国家职业资格技能鉴定高级考评员 5 人。教师队伍有“山东省优秀教师”1 名，“山东省技术能手”3 名，“山东省突出贡献技师”2 名，“山东省职业教育先进个人”1 名，“济南市技术能手”1 名，“济南市突出贡献技师”1 名，“济南市技工院校优秀教师”1 名，“山东省省直机关优秀青年岗位能手”1 人，“山东省高校十佳百优辅导员”2 名。系部重视对外交流和骨干教师培养，先后选派十多名教师到加拿大、韩国、台湾等国家或地区交流学习。组织教师暑假到企业锻炼，对新进教师开展实操基本技能训练；在中石油济柴设立企业教师实践工作站，每学期选派 1 名优秀青年教师进站锻炼。聘请泰山产业领军人才姜和信、全国技术能手宁长军等企业的能工巧匠为技能大师，传承技能绝活。教学团队先后承担、完成省、部级科研项目十余项，发表高水平论文 50 余篇，出版教材 40 余部。

电气及自动化系的学生，吃苦耐劳、技术水平高，受到企业高度的认可，毕业生供不应求，就业率在 98%以上。目前，本专业毕业生在我省各大装备制造企业从事设备维护修理、售后服务等重点岗位中占据很大比例。目前，系部与日立电梯公司、齐鲁电机制造有限公司、山东安迪斯电梯工程公司等单位开展订单培养。

电气及自动化系积极参加全国、全省技能竞赛，取得了优异的成绩。2004 年山东省技工院校维修电工技能大赛中，三名教师分别获得教师组第 1、2、8 名，四名学生获得学生组第 1、2、3、4 名。2004 年“广州数控杯”全国技工院校维修电工技能大赛，四名学生选手分别获得全国第 2、3、7、9 名。2009 年获省职业院校技能大赛电子产品设计与制作一等奖。2012 年获得山东省职业院校技能竞赛二等奖，获得山东省大学生机电产品创新设计竞赛一、二、三等奖各一项。2014 年与工艺系合作参加 2014 年全国职业院校技能大赛，夺取“机械设备装调与控制技术”赛项一等奖第一名。2015 获得第十届全国高职高专“发明杯”大学生创新创业大赛一等奖。

在“中国制造 2025”背景下，企业的发展趋势、岗位及人才需求的变化对高职教育正在发生冲击，人才培养的标准与市场岗位对接正悄然发生变化。在今后专业建设过程中，我们将通过不断学习和实践，为“中国制造 2025”培养高端技术技能人才。

### （四）信息工程与艺术设计系

信息工程与艺术设计系成立于 2002 年，创系之初为计算机系，2007 年因增加艺术类专业而改为现在的信息工程与艺术设计系。十几年来，全系教师本着“团结、创新、和谐、快乐”的工作理念，爱岗敬业、勤于钻研、勇于开拓、创新发展，实现了大踏步、跨越式发展，并已逐步发展为一个规模较大、专业较强、特色鲜明的系部，同时也成为全院并跨两个专业群和目前专业最多的系部。

信息工程与艺术设计系

信息工程与艺术设计系专业覆盖计算机信息类和艺术类两个方向。信息类专业包括计算机应用技术、计算机网络技术、软件技术。艺术类专业包括动漫设计与制作、广告设计与制作、建筑装饰工程、数字媒体艺术设计。同时与联想集团成立了移动互联应用技术方向校企合作班，与达内时代科技集团成立了交互设计 UI 方向校企合作班，与济南嘉信科技有限公司成立了软件测试方向校企合作班。还设有广告设计技师、网络技术技师两个技师类专业。现有在校生 1800 余人。

全系共有教师 67 人，其中专任教师 40 人，企业兼职教师 22 人，专职辅导员 5 人；教授 4 人，副教授 8 人，讲师 18 人；具有硕士以上学位教师 37 人，教师队伍中 90% 以上具有双师职业资格，是一支专业过硬、具有较强科研水平和工程实践能力的师资队伍。

一体化教学是信息工程与艺术设计系教学的重要特色，目前建有计算机应用实训室、计算机组装与维修实训室、软件开发实训室、CAD 绘图实训室、手机软件开发实训室、移动互联网软件开发实训室、网络设备配置实训室、综合布线实训室、艺术设计工作室、动漫实训室、建装实训中心、广告制作实训室和专业机房等 23 个专业实训室，可同时满足 1500 余人同时进行操作实训。为适应社会发展，2013 年新开设 Mac 苹果机房，供学生实训操作。设有两个大师工作室，让学生有机会近距离接触大师，与大师沟通交流，学习知识提高认识，为学生未来的整体发展铺设一个更高的平台。

信息工程与艺术设计系为打造高职院校培养高技能人才的品牌，积极引导和推动校企合作，建立了多个校内、校外实训基地，成立了针对移动互联网软件开发三个专业方向（移动互联应用技术、移动软件测试、交互界面设计）的校企合作班，形成了移动互联网软件开发全流程培养。先后与联想集团、达内时代科技集团、济南中企共赢有限公司、天下风行广告设计公司、济南高路传媒科技有限公司等 35 家企业建立了校企合作关系，建立了校外实训基地，为生产实训的顺利进行提供了有力的保障。

近五年来，信息工程与艺术设计系获得全国大学生广告设计大赛全国二等奖 3 个，全国三等奖 2 个，山东赛区一等奖 2 个。在全国软件设计开发大赛中获得山东省一等奖 16 人次、二等奖 11 人次，在全国总决赛中获得二等奖 1 人次、三等奖 4 人次。2014 中国技能大赛——信息网络布线山东省选拔赛（个人赛）获得一等奖 1 个、二等奖 2 个，中国职业院校技能大赛——移动互联软件开发（国赛）获得二等奖。在 2014 中国技能大赛——第 43 届世界技能大赛平面设计项目全国选拔赛中，张佳鑫同学凭借过硬的设计技能和稳定的临场发挥，荣获平面设计技术项目第六名，入选国家集训队，备战 2015 年 8 月在巴西圣保罗举行的被誉为“技能奥林匹克”的第 43 届世界技能大赛。2015 年，软件技术专业三名同学在全国职业院校技能大赛移动互联网应用软件开发赛项中获得省赛一等奖、国赛一等奖。2016 年计算机应用技术专业三名学生在山东省职业院校技能大赛云计算技术与应用赛项获得省赛一等奖。

信息工程与艺术设计系一直坚持全人教育的理念，在教学与管理过程中，首先注重人之为人的教育，其次是传授知识的教育，第三就是和谐发展心智，以形成健全人格的教育。在健全人格的基础上，促进学生的全面发展，让个体生命的潜能得到自由、充分、全面、和谐、持续发展。通过团课、主题班会、文化活动等方式，带动全系学生积极向上，开设人文素质课程，对学生的安全纪律、心理素质、就业创业等方面进行知识讲授与实训练习。

十几年的发展，信息工程与艺术设计系已经具备了完善的基础设施，全面的管理网络，雄厚的师资力量，宽广的就业途径，各种教学设施也在进一步完善，对教师队伍的选拔更加严格，校企合作也在不断地深化，相信信息工程与艺术设计系的未来一定更加美好。

### （五）经济管理系

经济管理系成立于 2002 年，是学院唯一开设财经类专业的系部，是山东省高等学校教学管理先进集体，是国家高技能人才培训基地和山东省技能型特色名校重点建设项目单位，具有培养“专科学历 + 技师职业资格”高端技术技能人才的独特优势。

经济管理系现有电子商务、物流管理、房产物业及德育教育四个教研室，共有 34 名专任教师，70% 以上具有硕士学位，90% 以上持有高级职业资格证书，团队中有山东省教育先进工作者、全国沙盘教学名师、院级教学名师、师德标兵、山东省技术能手、高级物流师、创业培训师、淘宝讲师等。设立了技能大师工作室，聘请具有行业影响力和企业经历的专家为专业带头人，设有 3 个专业建设指导委员会，专家成员 20 余人，聘请企业一线骨干 60 余

经济管理系

人为兼职教师，建成了一支专家引领、双兼互聘、德技双馨、经验丰富的双师型师资队伍。其中，电子商务专业和物流管理专业为省级优秀教学团队。

经济管理系现有电子商务、物流管理、会计、国际商务、房地产经营与管理、物业管理、快递运营管理 7 个专业，其中，电子商务和物流管理专业均为省级特色专业、技能型名校工程重点建设专业、卓越技师培养专业，与阿里巴巴、山东联荷等企业开展校企合作，以电商运营、创业孵化和培养未来网商为目标，双方联合招生，共同培养电商人才，与新易泰物流、圆通速递、心怡物流、天猫小邮局等进行物流订单培养。房地产经营与管理专业是学院重点建设专业，入选全国高职院校房地产经营与管理专业行业影响力排行榜 50 强（27 名），在全国房地产经营管理大赛中获一等奖。近期学院与澳大利亚商业技术学院签署了战略合作协议，在会计专业方面以“2+2”模式开展国际合作，即国内 2 年学习 + 国外 2 年学习，为有志于继续深造、到澳大利亚就业的学生开辟了一条国外就业的通道。

近年来，经济管理系以国家高技能人才培养和省技能型特色名校建设为契机，学院先后投入 800 余万元，新建扩建与升级了 3000 余平米的实习实训室和实训场地，进一步完善了校内实习实训条件。现建有商务综合实训中心、现代物流技术实训中心、商务礼仪训练中心、电商综合技能实训室、电商创业实训室、网络营销实训室、物流软件实训室、ERP 沙盘实训室、创新设计工作站、信息化管理实训室、供应链实训室、移动商务实训室、创业培训实训室 13 个实训（中心）室。

经济管理系高度重视校企合作，设有校企合作理事会、专业建设指导委员会和校企合作办公室三级工作机构，制定了理事会章程和工作制度，保证了校企合作工作的持续、稳定、深入推进。与山东网商教育科技集团共建了 1000 余平米的大学生就业创业孵化基地，基地设有商务接洽室、企业工作坊、创客工作室、茶艺室及综合素质训练中心。引进阿里巴巴、京东商城、山东联荷、合富辉煌、九州通医药、心怡物流、圆通速递、韩都衣舍、菜鸟网络、网易等知名企业。逐步建成了集实践教学、技能训练、创业教育、技能鉴定、教研科研、社会服务等多功能于一体的综合实践教学平台。

经过十多年的坚持不懈和努力拼搏，经济管理系取得了一系列教学成果及荣誉。现有省级特色专业 2 个，省级优秀教学团队 2 个，省级精品课程 6 门，省级教学成果二等奖 1 项、三等奖 2 项，省职业教育优秀教研成果一等奖 2 项、二等奖 5 项，省高校优秀教研成果二等奖 1 项。主持完成省级课题 9 项、院级课题 6 项。公开发表论文 40 余篇，编写教材 10 余部。在历年职业技能大赛中，获得国家级一等奖 4 项、二等奖 2 项、三等奖 4 项，省级一等奖 21 项、二等奖 6 项、三等奖 4 项。1 位教师入选全国房地产经营与管理职业教育专业建设指导委员会专家，1 位教师获全国沙盘教学名师及沙盘教学突出贡献奖。

经济管理系在注重专业知识与技能的同时，更加重视学生的人文素养和职业素质的培养。通过开展经典诵读弘扬优秀传统文化，引进企业文化建立校企文化长廊，组织千人学生同练太极拳，传播太极精神，成立经管系礼仪队，提升展示商务形象与魅力，聘请茶艺专家开设茶道课，传授茶艺茶文化，面向女生举办主题为“你若盛开、清风自来”的励志大讲堂系列讲座。据毕业生跟踪调查，学生在工作 1 ～ 2 年能迅速成为岗位骨干，3 ～ 5 年大多能走向管理岗位，包括管理中层甚至高层，年薪普遍在 8 万～ 10 万元。近年来，毕业生就业率始终保持在 98.6% 以上。

经济管理系将秉承“卓越技能、出彩人生”的校训，弘扬“诚朴厚重、崇德尚能、团结奋进、和谐共生”的校风，以开放包容的理念和创新创业的精神，坚持内涵发展和多元办学，大力推进校企合作产教融合，全面提升教育教学和人才培养质量，实现经济管理系的跨越式发展。

### （六）汽车工程系

汽车工程系于 2009 年 1 月成立。成立以来，秉承学院职业素养与技能素质并重的教育理念，建立“校企互助、合作发展”的校企合作机制，完善“校企共管、工学交替”的人才培养模式，构建融入职业资格标准、企业生产标准的课程体系，逐步成为省级高等职业技能特色教育系部。2016 年，汽车工程系党总支荣获山东省高校先进基层党组织称号。

汽车工程系建有汽车教研室、焊接教研室、实训教学管理办公室等教学科室，现有教师 37 人，其中教授 6 人，具有“双师”素质的教师 26 人，并聘请山东省首席技师孙桂森、李绪升技能大师以及高校及企业中既有理论知识又有实践经验人员担任兼职教师，形成了一支师德高尚、理论扎实、技能高超、结构合理，以专任教师为主、专兼结合的高水平“双师型”教师队伍，保证了各专业人才培养方案的顺利实施和教学质量的稳步提高。

汽车工程系设有大专、技师和高级技工 3 个教学层次。大专部有焊接技术及自动化、汽车检测与维修技术、汽车电子技术、汽车技术服务与营销和汽车整形技术 5 个专业，其中，

汽车工程系

汽车检测与维修技术是山东省特色名校工程重点建设专业，焊接技术及自动化专业为校级重点专业。技师、高级技工部各有焊接加工和汽车维修两个专业，在校生 1700 余人。

系部依托校内实习厂和省劳动厅机关汽车维修服务中心，积极推行产教结合的教学模式。配备有汽车虚拟仿真实训室、汽车综合实训场地等 13 个实训室和实训场地。2015 年，奔腾 ARS 校企合作项目合同签订。2016 年 6 月，320 万元汽车整形设备采购到位。同时，系部还积极开拓校外实训基地，与山东开泰集团有限公司、山东润华集团股份有限公司、济南锅炉集团有限公司、济南重联汽车修理有限公司、中通客车控股股份有限公司、“车之梦”全国连锁总公司多家单位成立了汽车工程系校企合作理事会，建立了长期、稳定的校企合作关系。2016 年，系部与合作企业成立了睿达、中瑞两个校企合作冠名班，校企合作逐步深化。

践行学院“高端引领、特色立校、内涵发展、多元办学”的方针，创建“大专学历 + 技师职业资格”的人才培养模式，2011 年，系部组建了汽车检测与维修技术专业卓越技师班，明确了“工学结合、校企合作、顶岗实习”人才培养模式，把技师班作为系部建设的抓手，在课程体系构建、教学模式改革等方面进行实践。2013—2015 年，系部组织校内外专家对三届“卓越技师”班学生开展技师职业资格考核鉴定，40% 以上的学生考取了技师职业资格证书。

汽车工程系紧紧抓住每次参加大赛机会，锻炼师生、提升技能。在 2013 年的山东省职业院校技能大赛高职组汽车维修与故障诊断排除项目竞赛中获得二等奖。在山东省 2013 年大学生机电产品创新竞赛中，产品“健身运动机械能与太阳能互补发电系统获得二等奖。在 2015“北京汽车杯”全国职业院校汽车专业教师能力大赛中，我系教师夏福禄、刘天琦荣获一等奖。

汽车工程系学生操作技能强、综合素质高，近年来毕业生的就业率保持在 97% 以上，其中，焊接技术及自动化专业连续 7 届毕业生就业率达 100%。汽车各专业学生毕业前就被各大企业预订，部分优秀学生被中国石油大学等院校聘为实习指导教师和专业课理论教师，部分学生成为汽车维修技术总监和汽车维修店店长，就业质量逐年提高。

汽车工程系秉承学院机电专业深厚底蕴，抓住特色名校建设的契机，做好专业建设，抓好卓越技师培养，进一步深化产教融合、校企合作，努力打造汽车工程系专业教学特色，不断提高人才培养水平，正成长为省级高等职业技能特色教育系部。

### （七）基础部

基础部担负着全院基础课程的教学、人文素质教育和普通话推广工作，分两校区教学管理，是山东省青少年素质教育重点研究基地。有教师 40 人，其中教授 2 人、副教授 7 人、讲师 15 人，22 人具有硕士学位。

基础部

基础部设有思政、数学、英语和体育四个教研室，开设有思想政治理论、高职英语、高职数学、体育、人文素质教育等课程，是适应“中国制造 2025”和未来职业发展，培养先进制造业和现代服务业高端化、专业化、系统化高技能人才的基石；对于提高学生的人文素质、培养合格公民，促进学生具有健强的体魄、健康的心态、健全的人格等方面发挥着重要作用。多年来，在基础部教师的组织和指导下，我院学生在全国大学生数学建模、语言文字基本功、英语口语笔译、篮球足球等各项、各层次大赛中连续获得一、二等奖，同时还获得了各奖项的优秀组织奖。

“学为人师、行为世范”是我们的工作目标。在教学过程中，我们努力改革教学内容，改进教学方法，改善教学手段，加强教学研究；基础部教师近三年出版专著 4 部，编写各类教材 6 部，在省级以上刊物发表学术论文 60 余篇，完成省级教研科研课题 11 项，在研 10 项；

基础部开设的“思想道德修养与法律基础”“高职高专英语”“高等数学”被学院评为精品课程。基础部以推进人文和职业素养教育课程化为重点，立足现实，遵循教育教学规律，创造性地实施了思想政治理论课与人文和职业素养教育的“三课融合”。2013 年荣获全国职业院校信息化教学设计大赛一等奖，2014 年荣获山东省职业教育教学成果二等奖。

“敦品励学、教书育人”是我们的工作理念。作为教师，我们牢记习近平总书记提出的“四有”好老师标准，努力提高个人的理想信念、道德情操、扎实学识和仁爱之心，不断提高教学的能力、艺术和水平；作为教师，我们认真上好每一堂课，因材施教，把提高教学质量作为永恒的主题，积极开展第二课堂活动，丰富学生的文化生活，提高学生的文化素养，使我们的每一位学生自由发展、全面发展，成为学院“卓越技能、出彩人生”的践行者。

在教学改革方面，我们的思想政治理论课已经实行了专题式教学，从教师和学生反馈的信息看，效果不错；大学英语和高等数学分别进行了分层次教学的探索，现在已经拿出可行的方案，准备下一步更好地实施；大学体育课，积极探索项目教学的方法，提高教学质量。以后的教学工作中，基础部将以信息化教学资源库建设为基础，以微课、慕课、翻转课堂等形式为依托，加大教学改革力度，为学院的人才培养尽一份力量。

我们的教学思路是：因材施教，为专业课服务，为学生的职业素养和人文素养服务。我们是一个团结、敬业、和谐、发展的优秀教学团队。下一步，我们将乘着名校建设工程的春风，充分发挥我们在高职专业教学中基础教学的作用，扎扎实实做好各项工作。

### （八）技师部

技师部于 2014 年 8 月成立，主要职责和任务是负责学院中级技工教育学生管理工作和协调教学工作。

技师部

技师部现有18名教学管理人员，其中4名管理人员，14名专职辅导员；共有2个年级38个班，约1770名学生；学制有五年一贯制大专、四年一贯制高级技工；共设有电气自动化、电工、机制工艺、机械装配与维修、数控技术、金属切削、电子商务和计算机应用8个专业。学生管理工作具体由技师部负责，教学方面由教务处协调，机械工程系、机制工艺系、电气及自动化系、经济管理系、信息工程与艺术设计系和基础部分别派出理论和实训教师负责授课，技师部负责教学督导检查。

技师部高度重视学生的意识形态管理教育，采取多种手段运用于管理和服务工作。充分利用网络平台，强化管理制度落实和服务跟踪到位，各班级根据情况设置了QQ群、微信群等，利用各种通信媒体工具与学生互动并解答学生的疑惑，及时掌握学生的思想动态，有重要事件则通报学院、系部，提示应注意的问题，解答学生所关心的事项。

技师部注重活动引导，以开展丰富多彩的文化体育活动，引导学生树立积极向上的学习生活态度。先后开展了“学生公约”签约仪式、“我爱我家”学生宿舍文明公约签字仪式、《人文经典诵读》朗诵比赛、篮球比赛、拔河比赛、心理健康团体赛等活动。开设了“合唱与指挥”“篮球技术与艺术”等人文素质教育特色课。

技师部认真贯彻学院抓好人文素养教育要求，积极开展孝、礼文化教育，以开展孝德文化大讲堂为突破口，把中华民族传统文化延续传承下去。组织学生参加了济南市举办的“孝德文化系列讲堂”——“久病床前有孝子”活动，邀请济南市百善堂创办者周长征老师举办了“孝行天下”传统文化道德讲堂，假期中开展了“我为父母做一件事”活动，通过活动教育，使同学们感受到中国传统文化的博大精神和玄妙之处，激发了同学们争做文明人的热情。

以安全班会为重点教育手段，开展“安全工作随时讲、人人讲”的活动，结合邀请专家讲座，确保安全工作落到实处。邀请公安机关等相关单位举行法治知识讲座、消防知识讲座，邀请校外专家举办了“预防校园欺凌”讲座，开设了“法与你我，走好青春第一步”知行讲坛，充分发挥“系部文明纠察队”的作用，使技师部安全工作有了较大改变，技师部成立以来未发生重大安全责任事故，校园的文明秩序井然有序。

技师部积极探索中技学生的管理方法，通过参加（组织）集中培训、以老带新、参观学习等多种形式，提高辅导员队伍教育管理水平。认真抓好“两个必进”，即每天必进宿舍、必进教室，开展了辅导员家访、与每名同学谈心活动，使辅导员对学生的基本情况随时掌控，严格值班制度落实，对各班级工作实行日考核、周汇总、月通报制度，充分调动了辅导员的工作积极性。

技师部注重教师教科研能力的提升，组织系部辅导员教师参加教科研成果申报，并完成多项教科研项目课题立项工作。陆续组织申报国家、省级、院级课题7项，迄今已有1项获国家科研立项，2项获省级科研立项，1项获院级科研立项，参与修订人文和职业素养课程内容和标准，参编教材2部，在国家级刊物上发表了学术论文多篇。

技师部祝愿学院蓬勃发展，再创辉煌！

## 九、办学成果

### （一）“双证书”制度的探索与实践

1991 年，我校与天津职业技术师范学院合办机械制造专业师专班，学生毕业由天津职业技术师范学院发放大专学历证书，由我校发放高级技工证书。这是我校在探索“双证书”制度方面迈出的第一步。

1991 级机械制造专业师专班毕业合影

2000 年，学院改建高职院校，在全国高职院校中率先构筑了“大专 + 高级技工”的高技能人才“双证”培养模式。

2005 年 9 月，由教育部高等教育司委托我院主持开展的课题《高职高专教育实行学历

教育部《高职高专教育实行学历证书与职业资格证书制度研究》课题组济南会议留念

证书与职业资格证书制度研究》，通过了专家组评议鉴定。由中国高职教育研究会会长李宗尧研究员、天津工程师范学院院长孟庆光教授、山东职教学会会长董操教授、山东省教育厅宋呈祥副厅长和济南发电设备厂刘书学厂长组成的专家组认为：本课题研究成果有较高的利用价值，对推动我国高职高专院校实行双证制，完善我国职业资格证书制度具有重要意义。

该课题是教育部《新世纪高职高专教育人才培养模式和教学内容体系改革与建设项目计划》的一个子项目，我院申报后于2005年3月获得教育部批准立项，马义荣院长担任课题组负责人。该课题第一次全面系统地总结了我院实行“双证书”制度的实践与经验。

2006年8月，省劳动和社会保障厅批准我院试办技师班。学院决定在高职大专机电类专业2006级新生中选拔150名优秀学生组建车工、钳工、维修电工三个专业“创新班”，进行“大专＋技师”的高技能人才培养模式的探索。

2007年3月15日，《山东省教育厅关于公布2006年度全省教育系统优秀调研成果名单的通知》（鲁教发字〔2007〕1号）中公布了由我院院长马义荣、教学研究室主任马绪耘教授和赵冬梅副教授共同整理撰写的《高职院校实行学历证书与职业资格证书制度调研报告》获得全省教育系统优秀调研成果一等奖。

2007年5月26日，我院首届技师班（“大专＋技师”创新班）举行开班典礼。

2007年7月16日下午，山东省政协副主席王修智带领省政协科教文卫体委员会视察团来院视察指导工作。在槐荫校区实训中心，王修智亲切接见了我院“大专＋技师”创新班的同学，并勉励同学们刻苦学习，早日成为对国家和社会有用的高级技能型人才。

2009年7月1日至3日，我院首届“大专＋技师”创新班三个专业的133名同学参加了由山东省职业技能鉴定中心组织的技师职业资格鉴定考核。

我院首届“大专＋技师”创新班学生是从2006级高职大专生中，经过考试、面试和综合测评等环节选拔出来的。创新班的设立，是我院深入学习实践科学发展观，深化一体化教学改革，积极探索职业教育人才培养模式的新举措。

### （二）“卓越技师”培养计划的实施与拓展

为适应技能人才培养起点高端化趋势，在总结“大专＋技师”创新班经验的基础上，学院于2011年在全国率先实施了“卓越技师”培养计划，即在较高学历层次和实践经验的群体（高等院校学生和在职职工）中，按照技师职业资格标准，采取校企合作、一体化教学模式培养高端技能人才。这一创举得到了人社部和省人社厅、教育厅等有关部门领导的肯定和大力支持。

学院首批实施“卓越技师”培养计划的9个优势专业分别是数控技术、机械设计与制造、电气自动化技术、机电一体化技术、汽车检测与维修技术、网络技术、建筑装饰工程技术、电子商务和物流管理。通过新生入校后的自愿报名、组织笔试和面试等环节，将入学成绩优秀、自愿参加的学生组织起来，单独编班。学院制定了以突出职业能力和职业素养的“能力标准、课程体系、职业证书”三位一体的人才培养方案，建立了职业素养课程化、学生日常管理和专业教学中的职业素养培养“三位一体”的职业素养培养体系。

在总结2011级“卓越技师”人才培养模式创新实践经验的基础上，学院决定继续在2012级高职大专生中进行“卓越技师”的人才培养模式创新，并于2012年9月5日印发了《2012级卓越技师人才培养模式实施方案》（鲁劳职院教务〔2012〕10号）。

2011级（首届）卓越技师班学生经过3年的培养，理论知识扎实，专业技能领先，参加全国全省技能大赛取得了优异成绩，毕业作品展受到了省委领导的高度评价。321名毕业生通过技能鉴定，被众多企业看好，进厂顶岗实习并达成了就业意向。“卓越技师”已经在我省高职教育领域形成了特色品牌。

2013年11月5日，学院举办校企合作研讨会暨首届卓越技师毕业生推介会。

2013年12月9日，省委副书记王军民来院视察调研，观看我院首届卓越技师班毕业作品展。

2014年2月17日，山东省教育厅在《2014年工作要点》中，明确提出了“推进高等职业教育与技师教育合作培养‘卓越技师＋卓越工程师’试点”。这表明，我院在全国首创的“卓越技师”（大专学历＋技师职业资格）培养模式已经获得教育主管部门的认可，并在全省进行推广。此举将促进我省职业教育的深化提高，对加快建设现代职业教育体系起到了积极的推动作用。

2014年12月10日至12日，2012级卓越技师班技师技能鉴定工作在学院的两个校区展开。2012级卓越技师班学生是我院开展卓越技师创新培养的第二届学生。对本届卓越技师班学生的技师技能鉴定工作，学院上下高度重视，从鉴定方案的设计、鉴定流程的要求和鉴定过程的操作，均按照省职业技能鉴定中心对技师技能鉴定的规范进行。整个鉴定过程在省职业技能鉴定中心的指导下完成。2012级卓越技师班技师技能鉴定工作在吸收2011级技能鉴定经验的基础上，开展了校企共同参与技能鉴定的试点。各专业在鉴定方案设计过程中，除了依据国家二级职业资格标准外，还邀请了企业专家对技能技术规范提出要求。鉴定过程中，参照各级技能大赛，在设备使用、工具摆放、现场清理等多方面提出了较高要求，在对学生进行技能考核的同时，注重考核学生的职业安全习惯、规范操作习惯、遵守纪律情况和团队协作意识，从不同侧面考核学生的综合职业能力，为进一步探索高端技能人才培养积累经验。

2014年5月4日，山东省教育厅《关于下达2014年职业院校与本科高校对口贯通分段培养试点任务的通知》（鲁教高字〔2014〕13号）中，我院被确定为“3+2”专本对口贯通分段培养试点院校。自2014年起，我院电气自动化技术专业衔接济南大学自动化专业。自2015年起，我院机械设计与制造专业衔接山东交通学院飞行器制造专业。“3+2”专本对口贯通分段培养是职业教育领域的重要改革，是探索构建现代职业教育体系的新途径。我院和合作院校充分发挥各自的资源优势，共同打造全新的职业教育培养模式，推行五年制“本科+技师”卓越技师培养方案，探索并实践五年制卓越技师高端技术技能人才培养的新路子，力争做成全省“3+2”对口贯通分段培养的典范。

2014 年 6 月 20 日，学院与济南大学签订“3+2”专本对口贯通分段培养联合办学协议

**（三）校企合作，硕果累累**

学院始终坚持“校企合作、产训结合、工学交替”的办学特色和传统，注重发挥校内实训中心、实习工厂和校外实习就业基地的作用，全面提升人才培养质量。

学院先后聘请了 500 多家用人单位担任学院就业指导理事会成员，并与省内外 160 多家知名企业建立了稳定的合作关系，成立了山东省机械行业职业培训教育集团、校企合作理事会和校外实习就业基地，实行专业共建和定向培养。学院从合作企业中聘请工程技术人员担任专业建设指导专家或兼职专业带头人，在学院建立技能大师工作室，在企业设立教师工作站，聘请技能大师担任指导专家并对青年教师和学生进行“传帮带”，极大提升了他们的职业素养和技能水平。

学院领导和有关系部领导及教师经常深入企业一线调研，了解企业的人才需求状况，听取企业对人才培养的建议；学院还定期举办用人单位座谈会、校企合作洽谈会、毕业生与用人单位双选会等活动，为用人单位和毕业生搭建平台，进一步促进了学生充分就业和高质量就业，实现了毕业生和用人单位的双赢。

学院毕业生以较高的技能水平和良好的职业素养深受用人单位的好评。多数毕业生成为生产、建设、管理和服务一线的骨干力量。他们当中的佼佼者，有的成为国家、省、市级的技术能手，有的成为职业院校实习指导教师，有的成为单位的业务骨干，有的走上了企业的管理岗位，还有的通过艰苦创业拥有了自己的企业。

建校 60 年来，学院共为国家培养出各类技能型人才 10 万余人。应届毕业生的就业率一直保持在 97% 以上，在同类院校中名列前茅，并曾荣获“国家技能人才培育突出贡献奖”“山东省大学生创业教育示范院校”“全省高校毕业生就业工作先进集体”“改革开放三十年山东教育总评榜——最具就业推动力高职院校”等荣誉和称号。

### 1. 组建职业培训教育集团

2013 年，在山东省人力资源和社会保障厅及山东省机械工业协会的大力支持下，由学院牵头，联合 13 家院校和科研单位以及 52 家大型企业集团组建了山东省最大的职业教育集团——山东省机械行业职业培训教育集团，为高端技能人才的培养和学生实习及就业创造了良好的条件。

2016 年 5 月 10 日，山东省首个校企合作工匠联盟——济南市长清区产学研未来工匠联盟成立大会在我院召开，山东省委组织部副部长、省人力资源和社会保障厅厅长韩金峰，济南市副市长巩宪群出席大会。

长清区产学研未来工匠联盟成立大会会场

### 2. 校企合作的各种形式

学院通过各种形式进行校企合作，取得了不菲的成绩。

学院与大型企业集团共建高技能人才培养基地

学院各系均建立了校企合作理事会和专业建设指导委员会

学院设立技能大师工作室，从企业聘请技能大师担任实习指导专家

学院与企业签订合作协议建立校外实习就业基地

学院从合作企业聘请技能大师和兼职专业带头人

学院与企业合作开展冠名班教育

学院建立大学生就业创业孵化基地并引进生产性实训

学院青年教师在企业教师实践工作站跟随技能大师参与生产实践

企业技能大师来校指导学生技能训练

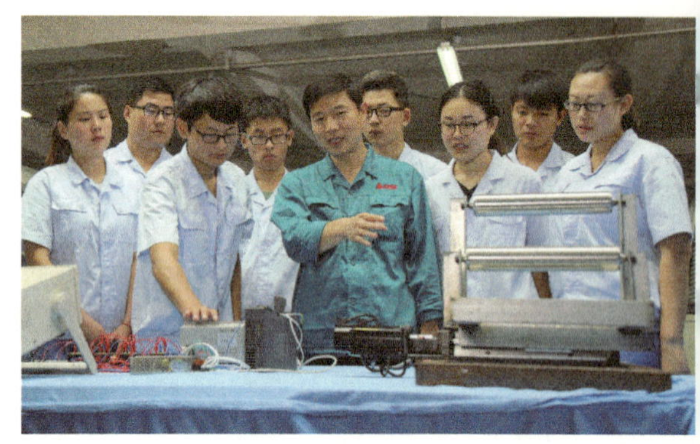

企业技能大师来校指导卓越技师班学生毕业制作

学院有关系部领导及教师到企业走访调研

学院邀请企业人力资源管理专家面向师生举办企业管理讲座

学院每年举办校企合作研讨会，向企业推介毕业生

学院每年举办大型毕业生就业实习见面会，邀请企业入校选才

## （四）产学研结合，不断推进

学院实习工厂是学院的二级部门，对外称作“济南第六机床厂”和“济南机械装备实业有限责任公司”，为独立法人单位，是一套班子两块牌子。

实习工厂拥有50多年精密磨床和20多年大型非标准化生产线的研发制造经验，多次承担国家及省、市级科研课题和装备制造任务。研发制造的十几种磨床以及感光材料涂布、薄膜拉幅、造纸等数十条生产线，有多项填补国内空白，累计生产各种机械设备6000余台（套）。

实习工厂的产品科技含量和精度要求高，制造工艺复杂，产品的研发、制造、安装和调试均有教师和学生参与，为培养职业院校所必需的“双师型”教师，提供学生零距离的生产实习提供了良好的条件。

在学院的发展历程中，实习工厂一直是我院技能人才培养体系的重要组成部分，是体现我院“校企一体、产训结合、工学交替、产学研结合”办学特色的重要载体。建校60年来，实习工厂为我国的装备制造、人才培养和经济社会发展都做出了不可磨灭的贡献。

### 1. 实习工厂的变迁

建校初期，从1956年9月至1969年11月，“实习工场”并不是一个独立的单位，而是学校的一个重要教学部门，负责实习教学和生产任务。

“文化大革命”期间，1969年3月15日，省革委会发文，决定将省属“山东省劳动厅半工半读机械学校”及其九处分校下放给所在市、地革委会管理。“学校下放后，是转办工厂，还是连续办学校，由各市、地革委会决定”。4月，校革委会向济南市革委会重工革命领导小组写出报告，请求将学校改为“济南第六机床厂”。

11月7日，济南市革委会生产指挥部发文，决定“山东省劳动厅半工半读机械学校”改为“济南第六机床厂”，由重工革命领导小组管理。11月16日，中共济南市委批复济南第六机床厂革委会核心领导小组。当月，厂革委宣布了按工厂生产要求调整设置的组织机构和各级领导班子。12月，学校最后一届毕业生290名，留厂30名，分配离校260名。

1978年5月15日，省革委计划委员会向济南市革委和省劳动局发文，批准“济南第六机床厂”恢复办学，改为“山东省劳动局技工学校”，由省劳动局直接领导，“济南第六机床厂”作为学校的实习工厂，继续承担磨床等机械装备的研发制造和学校的生产实习及实训教学任务。

为了便于承接大型非标准化生产线安装制造等方面的业务，1994年6月1日，学校将“济南第六机床厂一分厂”改建为“第二实习工厂”，对外称“济南机械装备实业有限责任公司”，直属学校，实行企业化管理。

2002年5月，学院进行了组织机构调整，“济南第六机床厂”和“济南机械装备实业有限责任公司”实行合署办公（一套班子两块牌子），对内称“实习工厂”，继续承担相关专业的生产性实习任务。实训教学任务则由新成立的学院实验中心承担。

M612K 型万能及工具磨床

## 2. 实习工厂的产品研发和制造

建校初期，经过几年的发展，学校“实习工场”已由只能制作民用火钩、火铲、火炉和简单工具（如手榔头、角尺、划线规、划线盘等），发展到承接校外企业加工任务和生产中型机械设备。机械设备研发和制造具有一定的技术复杂程度，既提升了教师的教学科研水平，又保证了学生的基本功训练；既完成了实习教学生产任务，又能克服消耗实习的缺点，获得可观的经济效益。

1963年，M612K 万能及工具磨床试制成功。该产品是我校批量生产的第一个定型产品，也是我校主要的实习教学产品，累计生产 3516 台，为国家经济建设和我校早期的技能人才培养立下了不朽的功勋，还曾援助越南、阿尔巴尼亚、巴基斯坦、朝鲜等国家。

“文化大革命”期间，学校改为“济南第六机床厂”，主要产品是工具系列磨床，并承担军工产品的试制任务。截至 1977 年底，全厂共有职工 749 人，其中管理人员 139 人，工程技术人员 32 名。工厂共计生产 M612K 型万能及工具磨床、2M9120 型多用磨床、2M7125 型周边磨床等多种型号的工具系列磨床 2226 台。除在国内销售外，还承担了为罗马尼亚设计制造砂轮切割机，向周边及第三世界国家出口 40 多台磨床的援外任务，实现利润 522.2 万元。

1976 年，第一机械工业部机床工具局根据磨床十年发展规划组织我校（济南第六机床厂）与咸阳机器制造学校和天津第七机床厂在陕西咸阳联合设计 2M9120 型多用磨床。1977 年 6 月，该产品首先在我校试制成功，为我国机床工业增加了新品种，为我国机床工业的发展做出了重大贡献。

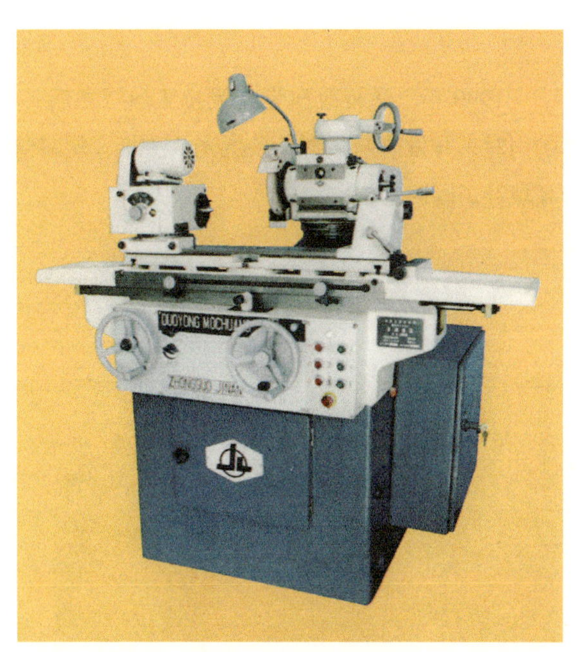

2M9120 型多用磨床

1978 年，学校恢复办学之后，实习工厂（济南第六机床厂）研制的 2M9120 型多用磨床成为我校主要的实习教学产品，也是实习工厂批量生产的第二个定型产品。2M9120 型多用磨床曾参加 1978 年“广交会”，1985 年以后数次参加在北京举行的中国机床博览会和中国国际机床博览会。到 1993 年，2M9120 型多用磨床累计出口 54 台，至 14 个国家和地区，其中有美国和澳大利亚等国家。到 2015 年，2M9120 型多用磨床累计生产了 1400 多台。

1978 年，2M9120 型多用磨床荣获济南市科学大会奖和陕西省科技进步二等奖。1985 年，2M9120 型多用磨床荣获山东省优质产品和机械工业部优质产品称号，我校实习工厂（济南第六机床厂）被国家计量局评定为二级计量单位。1990 年，2M9120 型多用磨床再次荣获机械工业部优质产品称号。

1978 年，我校实习工厂（济南第六机床厂）与第一机械工业部成都工具研究所联合开发制造的硬质合金不重磨刀片加工成套设备，与济南仪表厂合作生产的军工产品“311 乙火炮控制雷达”，都荣获全国科学大会奖。

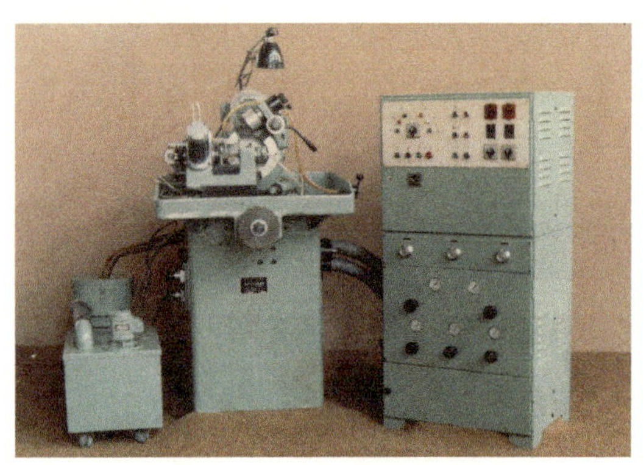

荣获全国科学大会奖的磨床成套设备之——2M7125A 可转位刀片周边磨床

全国科学大会奖状

1990 年，学校改建为高级技工学校之后，实习工厂在保持磨床系列产品研发制造能力的同时，开发研制了数十条感光、造纸、塑料薄膜等大型非标准化生产线及成套设备，有多项填补了国内空白。

### 3. 磨床新产品的研发与制造

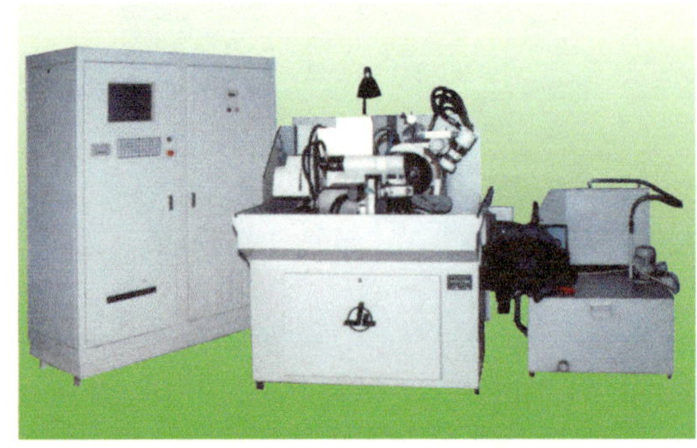

2MBK7125 数控可转位刀片周边磨床

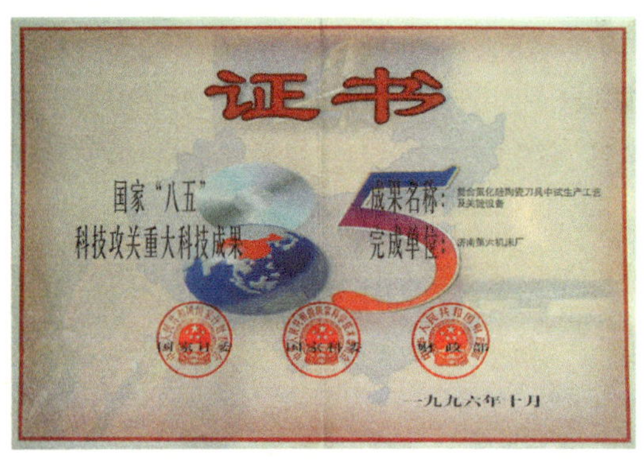


国家“八五”科技攻关重大科技成果奖证书

1994 年 8 月，我校第一实习工厂接到国家科委、国家技术监督局、外国专家局、劳动部和中国工商银行联合颁发的证书，2MBD7125 可转位刀片周边磨床填补国内空白，被评为 1993 年度国家重点新产品。

1995 年 3 月 3 日，我校第一实习工厂为清华大学设计制造的 2MBKK7125 简易数控可转位刀片周边磨床，经清华大学检测验收一次合格，填补了国内周边磨床的一项空白。

1995 年 9 月 29 日，我校负责研制的国家“八五”攻关项目 2MBK7125 数控可转位刀片周边磨床试制完成，进京参加第四届中国国际机床展览会。

1996 年，实习工厂研发的 2MBK7125 数控可转位刀片周边磨床荣获国家“八五”科技攻关重大科技成果奖。

2009 年 4 月 21 日至 25 日，我院实习工厂（济南第六机床厂）生产的 5 台 2MK7125A 数控可转位刀片周边磨床顺利通过用户（国内量具、刃具龙头企业成都成量集团）验收。成量集团专家组对机床的各项性能、精度等相关技术指标进行了逐项检测，各项指标均达到并优于相关标准，所加工的刀片的精度全部达到 ISO 最高精度 A 级标准。

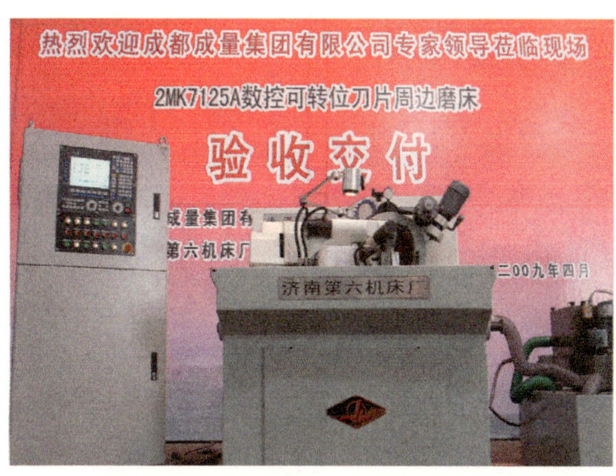


2MK7125A 数控可转位刀片磨床

2010 年 8 月，我院实习工厂（济南第六机床厂）研制的 2MK7125A 数控周边磨床成功申报 “山东省首台（套）技术装备项目”，并获得了省经济和信息化委员会及省财政厅 20 万元的奖励。

2010 年 8 月，我院实习工厂（济南第六机床厂）申报的 2010 年国家重点领域关键装备高档数控机床与基础制造装备科技重大专项课题“可转位刀片周边五轴数控精密磨床”通过工信部立项评审。该课题预算申报书通过了财政部的最终审定，获得中央财政项目补助资金 400 多万元。目前，该项目已进入评审验收阶段。

可转位刀片周边五轴数控精密磨床

“可转位刀片周边五轴数控精密磨床”课题的任务是研究可转位刀片精密刃磨装备技术，开发有自主知识产权的五轴数控可转位刀片周边精密磨床，对提高我国可转位刀片精密刃磨装备技术水平，促进我国先进刀具制造业的发展有着重要的战略意义和现实意义。

### 4. 大型非标准化生产线的研发与制造

我院实习工厂从 1989 年开始与中国乐凯集团（现属中国航天科技集团）合作生产国内第一条彩色胶片生产线，至今已合作生产安装了十余条印刷感光材料生产线。

1992 年，学院实习工厂为中国乐凯集团制造的我国第一条国产化彩色胶片涂布生产线（非银盐涂布机）通过了国务院重大项目办公室和化工部的鉴定。

2000年，学院与中国科学院感光化学研究所合作研制的高清晰度感光胶片生产线，该设备生产的胶片将专供“神舟号”载人飞船使用

2001年，学院自主研制开发的年产5000吨4.6米宽双轴定向拉伸聚丙烯薄膜成套生产线，是我国第一条国产化塑料薄膜拉幅生产线

2008年12月11日至13日，实习工厂承办中国塑料加工工业协会双向拉伸设备技术交流会暨产品推介会。来自全国各地的100多家塑料薄膜生产商和设备及备件供应商派出代表参加大会。与会的专家代表参观考察了我院实习工厂薄膜生产线制造现场以及槐荫和长清两个校区的实训中心，对我院实习工厂双向拉伸设备的技术力量和校企一体培养高技能人才的办学模式给予高度评价。

2011年，实习工厂申报的2011年国家重点领域关键装备高档数控机床与基础制造装备科技重大专项课题“电动汽车锂电池专用隔膜生产装备”通过了工信部立项评审。工信部专家组成员对我院实习工厂提交的技术方案给予了充分肯定和重视，对我院实习工厂五十多年积累的技术底蕴及丰富的装备制造技术和经验及目前良好的市场业绩给予了肯定和赞扬。

在 2011 年 12 月 29 日召开的全省装备产业工作会议上，学院实习工厂（济南机械装备实业有限责任公司）因生产锂电池隔膜专用拉伸机被省经济和信息化委员会授予“2011 年度山东省重点领域首台（套）重大技术装备企业”称号。实习工厂将生产任务与实习教学紧密结合，相关系部教师积极参与产品的设计研发，学生参与产品的加工生产及装配。在按时保质完成任务的同时，提高了教师的双师素质和学生的技术能力及职业素养，为学院培养适应社会发展需要的高端技能人才起到了良好的推动作用。

学院实习工厂总装车间

生产线制造、调试现场

1990 年 8 月，全国技工学校车、钳工专业应届毕业生操作技能竞赛获奖团队合影。上图左起：谭永超、蒋新雨、钳工教练于继尧、领队王树范、邴文法、胡鹏、张同兴、车工教练韩家生

1993 年 9 月 1 日，首届中国青年奥林匹克技能竞赛开幕式暨机械行业车、钳、木模工种竞赛在湖北十堰市东风汽车公司举行。代表山东省参赛的我校张晓龙（前排右一）获全国车工竞赛第七名，于峰（前排左一）获第九名，穆伟（前排居中）获全国钳工竞赛第十二名。领队王树范（后排左二）、李军（后排右一），车工教练韩家生（后排右二）、钳工教练于继尧（后排左一）

### （五）技能竞赛，成绩斐然

从上世纪 90 年代开始，我院积极参加各级各类技能竞赛活动，选手们一次次过关斩将站到了省赛、国赛的领奖台上，为学院赢得了荣誉，铸就了学院的辉煌历史。

#### 1. 高级技工学校时期

1990 年 8 月 10 日，省劳动局主持选拔我校 3 名车工学生（谭永超、蒋新雨、张同兴）和 2 名钳工学生（邴文法、胡鹏）组队代表山东省技工学校，参加在鞍山举行的“全国技工学校车、钳工专业应届毕业生操作技能竞赛”，全部获得最好奖项“优秀选手奖”。

1993 年 6 月 8 日至 9 日，在首届中国青年奥林匹克技能竞赛济南赛区选拔赛上，我校车、钳两个工种各派出 4 名学生选手参赛，囊括了济南赛区车工、钳工竞赛的前四名。

7 月 22 日至 26 日，首届中国青年奥林匹克技能竞赛山东选拔赛在烟台举行。我校车、钳两个工种各 3 名选手代表济南赛区参赛，结果车工获全省第一、二、七名，钳工获第一、五、六名。获得车工第一名的张晓龙、车工第二名的于峰和钳工第一名的穆伟入选山东省代表队。

10 月 26 日，首届青年奥林匹克技能竞赛选拔赛济南赛区组委会在济南市劳动局举行总结表彰大会。我校赵吉民、穆伟分别获车、钳第一名，由团市委授予“济南市新长征突击手”称号。市劳动局、市总工会、市团委、市机械局联合授予我校获得车工前四名的赵吉民、于峰、张晓龙、董传会，钳工前四名的穆伟、程守龙、王允生、崔兆兵“济南市专业工种技术能手”称号，赵吉民、于峰、张晓龙、董传会、穆伟由市劳动局颁发了高级工证书。我校因成绩显著获得组委会颁发的“伯乐”奖。

1993年11月26日，劳动部、中华全国总工会、共青团中央、国家教委、机械部、建设部、国内贸易部、国家旅游局、中国轻工会总会在北京人民大会堂隆重表彰首届中国青年奥林匹克技能竞赛优胜选手。我校张晓龙（五排，右起第八位）、于峰（六排，右起第九位）出席并荣获了“全国技术能手”和“全国机械行业技术能手”称号，在中南海紫光阁受到了李鹏、邹家华、倪志福、孙起孟、李沛瑶、罗干等党和国家领导人的亲切接见

1994年1月11日，我校参加在东方大厦举行的山东首届青年奥林匹克技能竞赛总结表彰大会。鲁奥选字〔1993〕4号、鲁劳发〔1993〕576号、鲁劳发〔1993〕541号文分别公布，授予我校获得山东省车工第一名的张晓龙、钳工第一名的穆伟“山东省富民兴鲁劳动奖章”“山东新长征突击手”“山东省技术能手”称号并颁发 “高级工技术等级证书”，晋升一级工资；授予我校获得山东省车工第二名的于峰“山东省技术能手”称号，颁发 “高级工技术等级证书”，晋升一级工资；授予我校获得山东省钳工第五名的程守龙“山东省技术能手”称号，颁发“高级工技术等级证书”；授予我校获得山东省钳工第六名的王允生“山东省技术能手”称号。省领导赵志浩、李春亭、陆懋曾、马世忠等出席大会，并接见了优胜选手。

## 2. 高职院校时期

学院 2000 年改建高职院校后，继续探索高技能人才培养的新路子，稳步推进高职教育和技工教育的优势互补、深度融合，积极参与各类技能大赛并取得了优异成绩。

2004 年 6 月 17 日，学院出台《关于参加全国技能大赛获奖人员的有关待遇和奖励办法》，召开参加全国、全省技能大赛动员会，激励师生苦练技能，夺取优异成绩。

2004 年 10 月 29 日，由劳动和社会保障部举办的全国技工院校技能竞赛决赛在天津闭幕。我院选手程厚强（右一）、孙常华（左二）、孙斌（右二）同学分别获得维修电工学生高技组第二、三、七名，孙宪良同学（左一）获得维修电工普通组第九名，并为省劳动和保障厅及学院赢得了"优秀组织奖"和"优秀教学组织奖"

2004 年，我院选手在第二届山东省计算机技术技能大赛中获一等奖 1 名，二等奖 1 名，三等奖 3 名，高校组团体比赛三等奖；在全国技工院校技能大赛山东省选拔赛中包揽了维修电工赛项学生高技组前四名，夺得了教工组第一、二、八名，学生普通组第一、二、五名；在工具钳工赛项中取得教工组第一名；在第一届全国数控技能大赛山东省选拔赛中，获教工组加工中心第一名，数控铣床第一、二名，包揽了教工组数控车床、学生组加工中心、数控车床、数控铣床的前三名。学院荣获"技能人才培养先进单位奖"。

2004年11月，劳动和社会保障部、教育部、科学技术部、国防科学技术工业委员会、中华全国总工会和中国机械工业联合会举办的第一届全国数控技能大赛决赛在北京开赛。我院7名师生入选山东省代表队参加比赛并取得了优异成绩。其中，潘强（左一）获得学生加工中心组第十名。学院荣获“第一届全国数控技能大赛突出贡献奖”

2004年12月，中国首届电子商务大赛决赛中，代表山东省参赛的我院青年教师王晓光（中间）获得银奖，并获得劳动和社会保障部颁发的“电子商务师国家职业二级资格证书”；赵静（右一）获得优秀奖以及“电子商务师国家三级资格证书”；学院获最佳组织奖

2005年1月14日，山东省劳动和社会保障工作会议暨山东省技术能手表彰大会在东方大厦隆重召开。在受表彰的全省100名“山东省技术能手”中，有23人是我院的教职工和学生。我院被授予“山东省技术能手”称号的教职工为赵烽、王栋臣、韩刚、李灿军、邓爱国、袁宗杰、刘传顺、周照君、李传波、叶建学、胡德文、刘彦伟；被授予“山东省技术能手”称号的同学为张庆新、张涛、徐荣民、李强、黄启祖、刘刚、潘强、于洋、张成银、程厚强、孙常华。

2005年1月，我院13名获得“山东省技术能手”称号的教师和学生代表受到省领导接见

2005年5月1日，山东省总工会对在推动山东经济和社会各项事业发展中做出重要贡献的先进个人进行表彰，我院（下图，左起）王栋臣、邓爱国、袁宗杰、李灿军、李传波、刘彦伟六名教师荣获“富民兴鲁劳动奖章”。

2005年富民兴鲁劳动奖章

2005年富民兴鲁劳动奖章获得者合影

2006年9月15日至21日，第二届全国数控技能大赛山东赛区选拔赛在济南举行。我院选手邓爱国、李灿军、袁宗杰分别获全省教师组数控铣第一、二、三名，赵吉民获全省职工组数控铣第一名，王民、马国伟分别获全省高职大专学生组数控铣第一、三名，张浩、张海明分别获全省高职大专学生组数控加工中心第一、二名，张鑫获全省高职大专学生组数控车第二名，张涛获全省教师组数控车第三名。学院荣获“第二届全国数控技能大赛优秀选手选送单位奖”。

2006年11月27日，由劳动和社会保障部、教育部、科技部、国防科工委、中华全国总工会，中国机械工业联合会六部委联合主办的第二届全国数控技能大赛在北京落下帷幕。来自全国31个赛区的512名选手入围全国决赛。我院7名师生入选山东代表队并取得优异成绩。其中，张鑫（右三）获学生高职数控车床组第六名，张涛（左三）获职工数控车床组第十名。学院获“第二届全国数控技能大赛优秀选手单位奖”

2006年12月9日至13日，在山东省教育厅组织的山东省大学生数控技术竞赛中，我院获全省数控车床组团体一等奖和全省数控铣床组团体三等奖，张鑫获全省数控车床组金奖，马玉龙、杨建波获全省数控车床组银奖；马国伟获全省数控铣床组银奖，王民获全省数控铣床组铜奖。

2007年7月，计算机系学生首次参加全国大学生广告设计大赛取得佳绩，共获得省级一等奖1个、二等奖2个、三等奖3个、优秀奖28个；获全国三等奖2个、优秀奖1个。计算机系学生参加全国第二届技工院校技能大赛（计算机维修工），获得济南市选拔赛第一、二、三名，获得山东省选拔赛第一、二、三名，获得全国比赛2个优秀奖（第19、20名）的好成绩。图为获得全国第二届技工院校技能大赛山东省选拔赛前三名的选手——张庆林（中间）、李帅（左二）、孙好（右二）与指导教师合影留念

2007年10月至12月，学院基础部首次组织117名同学参加了第二届全国高等院校学生语言文字基本功大赛并取得优异成绩，荣获一等奖3名，二等奖6名，三等奖8名。

2008年6月25日至30日，全国职业院校技能大赛高职组“注塑模具CAD设计与主要零件加工”项目决赛在天津举行，来自全国各地的38个队参加竞赛。我院选手解鸿翔、陈立东、庄友斌组成的团队以全省第一名的成绩代表山东省参加决赛，夺得团体三等奖（成绩列全国第十三名）。

2008年8月25日至9月2日，第三届全国数控技能大赛山东省选拔赛在济南举行。在教师组数控铣工赛项中，我院选手潘强获第二名，邓爱国获第四名；在教师组数控车工赛项中，李传波获第三名；李灿军获得教师组加工中心第四名；在高职学生组数控铣工赛项中，庄友斌获第一名，陈立东获第三名，张明伟获第四名；在高职学生组加工中心赛项中，刘鹏林获第二名，崔忠卫获第三名，解鸿翔获第四名；彭欢获得高职学生组数控车工第五名。我院选手潘强、李传波、庄友斌入选山东省代表队参加了在大连举行的全国决赛，李传波获教师组数控车工第十名，庄友斌获高职组数控铣工第十六名，潘强获教师组数控铣工优秀奖。学院获“第三届全国数控技能大赛优秀选手单位奖”。

2008年9月，我院首次组队参加“高教社杯”全国大学生数学建模竞赛即获得佳绩：计算机系的张波、刘龙、张业鹏组成的D乙7001队荣获山东省一等奖，并赴青岛理工大学参加了论文答辩，由机械工程系的郭汝龙、阎慧玲和计算机系的史晓鹏组成的C乙7002队，由机制工艺系的李华忠、电气系的亓爱义、经济管理系的常秀龙组成的D乙7003队，顺利完成了全部赛事并获得成功参赛奖。

2009年，我院在全国及全省多项技能大赛中取得了优异成绩。其中，机械工程系和机械制造系在参加的全省职业院校数控大赛中荣获一等奖，并代表山东省参加全国职业院校数控大赛高职组产品造型设计与快速成型项目的比赛获三等奖，参加的全省职业院校模具大赛获二等奖；电气及自动化系参加的全省职业院校电子大赛获一等奖；信息工程与艺术设计系

参加的第三届全国大学生广告艺术大赛，在山东赛区取得了一等奖 2 个、二等奖 5 个、三等奖 4 个、优秀奖 40 个，在全国大赛中取得了二等奖 3 个、三等奖 2 个、优秀奖 13 个；经济管理系首次参加“用友杯”第五届全国大学生创业设计大赛获得山东省高职组亚军，并获大学生企业经营管理沙盘模拟大赛山东省二等奖。

2010 年，学院参加全省职业院校技能大赛再获佳绩。其中，由楚鹏、武文建老师指导，崔培东、李明师、程海洋同学参加的比赛项目“汽车维修与故障排除”荣获二等奖；由邓爱国、李灿军老师指导，朱亮、孙忠进、刘树胜同学参加的比赛项目“零部件 CAD 与模具设计制作”荣获二等奖；由邓爱国、李灿军老师指导，刘鑫、王宁宁、范鹏同学参加的比赛项目“复杂部件造型、数控编程与加工”荣获二等奖；由甘博、衣洋老师指导，郭文浩、徐晨骥、张天雨同学参加的比赛项目“计算机网络设计、实施与测试”荣获三等奖；由孙斌、刘传顺老师指导，王冠、康帅、王春辉同学参加的比赛项目“嵌入式电子产品设计与制作”荣获三等奖。

2010 年 6 月 6 日，首届全国软件专业人才设计与开发大赛各省总决赛在全国 24 个省份 50 多个赛点同时进行。本次大赛由工业和信息化部主办，北京大学软件与微电子学院承办，中国软件行业协会、教育部高等学校高职高专计算机类专业教学指导委员会协办，比赛分本科和高职两组，全国近 300 所学校参赛。我院信息工程与艺术设计系选送的 20 名参赛同学参加了山东省总决赛，有 2 人获一等奖，2 人获二等奖。其中，荆汉青、姜英魁、李凯妮、陈奎营进入全国总决赛。8 月下旬，全国总决赛在北京大学举行，代表山东省参赛的我院信息工程与艺术设计系的 4 名同学与来自全国 24 个省份 226 所院校的 666 名选手同台竞技。经过激烈角逐，我院学生姜英魁获得全国二等奖，荆汉青、陈奎营获得全国三等奖。我院同时获得了“山东赛区优胜学校”“山东赛区优秀组织奖”和“全国优秀组织单位”的奖项和荣誉。王学军、陈静、王绪峰获得了“山东省优秀指导教师”“全国优秀指导教师”称号。

2010 年首届全国软件专业人才设计与开发大赛参赛团队合影

2010 年第六届全国大学生创业设计暨沙盘模拟经营大赛参赛团队合影

2010 年 6 月 12 日，“用友杯”第六届全国大学生创业设计暨沙盘模拟经营大赛山东省总决赛在烟台落幕。本次大赛历时两天，分本科和高职两组，近 60 所高校参赛。我院经济管理系派出 2008 级和 2009 级两支代表队，在参赛指导教师孙宜彬带领下，由于家庚、王艳、刘青山、黄文俊、李晓杰五位同学组成的 2009 级代表队（二队）最终以 603 分（领先第 2 名 30 多分）的高分，获得高职组第一名，斩获特等奖。由李超、赵玉凤、胡波、马德健、杨伟伟、陈晨组成的 2008 级代表队（一队）获得一等奖。7 月 21 日，代表山东省参赛的我院代表队荣获“用友杯”第六届全国大学生创业设计暨沙盘模拟经营大赛全国总决赛一等奖。

2010 年 10 月，在第三届全国技工院校技能大赛山东省选拔赛中，机械制造系的郭海洋获得车工高级组一等奖，董鑫磊获得车工高级组二等奖，吴敏获得车工中级组二等奖，机械装备系的解瑞坤获得装配钳工高级组二等奖，李思召获得装配钳工高级组三等奖。张同兴、张安刚、张茂波、邢宝亮获得“优秀指导教师”称号。

2010 年 11 月 8 日，第四届全国数控技能大赛山东省选拔赛在济南举行。学院派出 7 名学生选手、2 名教师选手参加数车、数铣、加工中心三个工种和五轴加工组合的比赛。我院选手李堃（教师）、杨斌获得五轴数控加工中心师生组合加工组第一名，武建明获得高技组加工中心第二名。

2011 年 8 月 24 日至 25 日，由山东省教育厅主办的第八届山东省大学生机电产品创新设计竞赛在潍坊举行。我院是首次参加该项赛事，进入决赛的六项作品全部获奖。其中，“高空玻璃清洗机器人”获得一等奖，“智能绿色车棚”“自动鞋柜”“转盘式立体车库”这 3 个项目获得二等奖，“智能多功能窗户”“家庭立体种植”这 2 个项目获得三等奖，学院获得“优秀组织奖”，庞恩泉、丁林曜分获“优秀指导教师”奖。

2011 年第八届山东省大学生机电产品创新设计大赛参赛团队合影

在2011年山东省“鲁商杯”职业院校技能大赛上，“注塑模具CAD与加工装配”“复杂零部件造型、数控加工”这两个项目荣获三等奖，“嵌入式电子产品设计与制作”项目荣获二等奖，“汽车维修与故障排除”项目荣获二等奖，“计算机网络组建与安全维护”项目荣获二等奖，“现代物流—储配方案的设计与执行”荣获三等奖。

在2011年全国软件大赛山东省选拔赛“C语言（高职）”项目中，多名学生分获一等奖、二等奖，“JAVA（高职）”项目中，多名学生分获二等奖、三等奖及优秀奖，“C语言（高职）”项目组队代表山东省参加全国总决赛获三等奖。

2011年6月1日至2日，“金蝶杯”第三届全国大学生创业大赛山东赛区总决赛在青岛举行。由我院经济管理系孙宜彬老师指导，李晓杰、王艳、刘青山、贾晓晨、谢金寿、葛振梅、许玲、葛夫顺等同学组成的两支代表队参加比赛。经过两天的激烈角逐，取得了高职组第一名和第三名的优异成绩，并组队代表山东省在全国总决赛中获一等奖。

2011年第三届全国大学生创业大赛（高职组）全国总决赛参赛团队合影

2011年6月11日至12日，第七届全国大学生“用友杯”沙盘模拟经营大赛山东省总决赛在泰安举行。这次的山东省总决赛分本科组、高职组、新人组三个组别，全省近60多所高校派出110支代表队，共计有600多名选手参赛。我院经济管理系派出4支队伍参加了比赛。经过两天的激烈角逐，我院代表队取得了2个特等奖、1个一等奖、1个二等奖的好成绩，并代表山东省参加了 7 月份举行的全国总决赛，荣获三等奖。

2011 年，我院在第二届山东省大学生（专科）数学竞赛中获优秀组织奖，我院参赛学生许洋获一等奖，赵新获二等奖，沈金箱获三等奖；在全国大学生数学建模竞赛中，学院获“2011 年山东省大学生数学建模竞赛优秀组织奖”，5 支代表队分获山东省赛区一等奖 1 项、二等奖 2 项、成功参赛奖 2 项；在第二届全国高职高专英语写作竞赛（山东赛区）荣获 1 个三等奖。

2012 年 4 月 14 日至 24 日，山东省职业院校技能大赛高职组竞赛分别在济南、潍坊、淄博、青岛等地举行，全省共有 390 支代表队、1151 名选手参加。我院选派了 9 支代表队参加竞赛。经过激烈的角逐，机械产品三维造型与创新设计、电气自动化设备组装与调试、现代物流—储配方案的设计与执行这三个项目获得二等奖，电子产品设计与制作、注塑模具 CAD 与加工装配、汽车维修与故障诊断排除这三个项目获得三等奖。

2012 年 5 月，在第三届全国高职高专英语写作大赛山东赛区决赛中，我院参赛学生 2011 级数控专业刘晓晴同学荣获二等奖，2011 级楼宇专业翟雨婷同学获得三等奖，胡艳丽老师获得优秀指导教师称号。

2012 年 6 月 2 日，由山东数学会和山东省科学技术协会联合主办的第三届山东大学生数学竞赛举行，基础部组织我院六个系的 218 名学生参加竞赛。本次竞赛由济宁职业技术学院承办，我院作为一个赛点协办了本次竞赛（山东联合大学在我校参赛）。我院参赛学生获得 5 个一等奖（全省共 28 个）、10 个二等奖、17 个三等奖的优异成绩。同时，我院再次荣获竞赛优秀组织奖。

2012 年 6 月 10 日，第八届全国大学生“用友杯”沙盘模拟经营大赛山东省总决赛落下帷幕，

2012 年第八届全国大学生沙盘模拟经营大赛山东省总结赛参赛团队合影

我院经济管理系派出由张玉雷、殷程程、于涛、李亚菲、赵文杰、吴国栋、刘昭辉同学组成的一队和由肖凯、谢金寿、丛双全、杭婷婷、许玲同学组成的二队参加比赛。参赛同学齐心协力、团结拼搏、不负众望，分别获得一等奖和特等奖。孙宜彬老师由于近年来在沙盘教学方面所做的贡献，获得了由全国财政职业教育教学指导委员会颁发的“沙盘教学特殊贡献奖”。

2012 年 8 月 27 日至 29 日，由山东省教育厅主办的第九届山东省大学生机电产品创新设计竞赛在青岛大学隆重举行。我院参赛的“智能送餐小车”“多功能婴儿车”“电动鞋柜”获一等奖，“智能大棚种植系统”“智能清扫机器人”“多功能节省空间家具”获二等奖，“面条量出机”等七项作品获三等奖。

2012 年 9 月举行的“高教社杯”全国大学生数学建模竞赛山东赛区结果揭晓，我院再次荣获全国大学生数学建模竞赛山东省赛区优秀组织奖。我院 2 支学生代表队在全省高校参赛的几百支队伍中脱颖而出，获得山东赛区一等奖。

2012 年 10 月 25 日，第八届全国职业院校“用友杯”沙盘模拟经营大赛全国总决赛落下帷幕。71 所高职院校（含香港地区）代表队参加了比赛。由肖凯、谢金寿、杭婷婷、张玉雷、殷程程组成的我院代表队代表山东省参赛获全国总决赛二等奖；殷程程同学在信息化实战项目中以满分（唯一）第一名的成绩获单项奖；由于在沙盘教学中的贡献和对沙盘大赛的推动，经过专家评选和网络投票评选，指导教师孙宜彬获“全国十大沙盘名师”称号，并被聘为用友新道公司的企业 ERP 沙盘讲师。

2012 年 12 月 1 日在第 42 届世界技能大赛中国选拔赛暨第四届技工院校技能大赛总决赛上，代表山东省参赛的我院学生吴敏获得车工高级组第九名（二等奖），并荣膺雏鹰奖

2013年全国职业院校技能大赛。机械工程系谢政伟、邵珠林、李雅文同学组队，指导教师袁宗杰、张晓波，代表山东省参加2013年全国职业院校技能大赛“数控机床装配、调试与维修”项目的比赛荣获二等奖

2013年山东省职业院校技能大赛。机械工程系谢政伟、邵珠林、田方胜、谢琛同学组队，指导教师袁宗杰、潘强，参加“机械产品数控加工”项目比赛，获一等奖。经济管理系王涛、陈非、梁传昊、李浩然同学组队，指导教师孙宜彬、刘强，参加“现代物流—储配方案的设计与执行”项目比赛，获一等奖。汽车工程系李大帅、綦彭彬、高超、毛庆友同学组队，指导教师刘天钢、房茂森，参加“汽车维修与故障诊断排除”项目比赛，获二等奖。电气及自动化系阎阳阳、李良、郑晓琦、牛继臣同学组队，指导教师孙鹏、孙斌，参加“电子产品设计与制作”项目比赛，获二等奖。电气及自动化系刘增文、吕洪滨、李会、李鹏涛同学组队，指导教师宋明学、孙常华，参加“电气自动化设备组装与调试”项目比赛，获二等奖。

根据《山东省职业院校技能大赛奖励办法》规定，“机械产品数控加工”和“现代物流—储配方案的设计与执行”项目分别获5万元奖励，参赛学生和指导教师分别获5000元奖励。

第十届山东省大学生机电产品创新设计竞赛。2013年8月19日至21日，第十届山东省大学生机电产品创新设计竞赛在山东科技大学黄岛校区举行。我院参赛的6项作品全部获奖。其中，“具有高楼逃生功能的跑步机”获得一等奖，“运动机械能转化器”“多功能喷药、采摘机械臂”获二等奖。丁林曜获“优秀指导教师”称号。机械工程系王彤、马巧先、王能潮、满青松同学作品“具有高楼逃生功能的跑步机”获一等奖，指导教师丁林曜、杨建波。汽车工程系綦彭彬、齐庆峰、李乾生、陈建朋、尹齐威同学作品“运动机械能转化器”获二等奖，指导教师王桂珍、曹爱红。机械工程系王能潮、满青松、王彤、马巧先同学作品“多功能喷药、采摘机械臂”获二等奖，指导教师丁林曜、庞恩泉。

第九届全国职业院校“用友杯”企业沙盘模拟经营大赛。经济管理系由刘航、迟正鹏、杨阳、郭凡凡、李文佳、孟亚楠同学和于涛、张玉雷、殷程程、赵文杰、吴国栋、刘昭辉同学分别组队参赛，均获一等奖。

2013 年 7 月，第四届山东省大学生（专科组）数学竞赛决赛结果揭晓，我院学生取得了 3 个特等奖（全省共 27 个）、3 个一等奖、8 个二等奖的优异成绩。孙少平和王文文两位老师荣获“大学生数学竞赛优秀指导教师”称号，同时，我院再次荣获山东省大学生数学竞赛“优秀组织工作”奖。

2013 年 9 月，我院组织学生参加了由教育部高等教育司、中国工业与应用数学学会等部门主办的 2013 年“高教社杯”全国大学生数学建模竞赛（山东赛区）。我院派出的 5 支参赛队表现出色，分别荣获山东省赛区二等奖 3 项，三等奖 2 项。

2014 年山东省职业院校技能大赛。信息工程与艺术设计系步连伟、李登远、朱俞同学组队参加“移动互联网应用软件”项目比赛获一等奖，指导教师陈静、王绪峰；机械工程系郭本水、康宗棠、王永康同学组队参加“复杂部件数控编程与加工”项目比赛获一等奖，指导教师李灿军、邓爱国；机械工程系贾鲁京、魏德武、孙滨同学组队参加“模具 CAD 与主要零件加工”项目比赛获三等奖，指导教师邓爱国、李灿军；汽车工程系王亚男、曹利民、王斌同学组队参加“汽车检测与维修”项目比赛获三等奖，指导教师孙泽涛、张安刚。

2013 年 10 月，基础部朱鹏华老师代表山东省参加了教育部主办的 2013 年全国职业院校信息化教学大赛全国总决赛，作品“定积分求平面图形的面积”获一等奖

我院“数控机床装调、维修与升级改造”“机械设备装调与控制技术”两项比赛分获全省第一名，“移动互联网应用软件开发”项目获一等奖。我院三个项目的参赛团队均代表山东省参加了全国职业院校技能大赛总决赛。

第六届全国数控技能大赛。机械工程系刘士强同学代表山东省参加“高职组加工中心（四轴）”项目全国总决赛获第十四名，指导老师许彦斌。

2014 年全国大学生数学建模竞赛。电气及自动化系高文龙、机制工艺系孟凡贵、经济管理系耿翠玉同学组队获省赛三等奖，指导老师罗庆丽；机制工艺系孟令忠、电气及自动化系苗玮玮、经济管理系王杰同学组队获省赛三等奖，指导老师朱鹏华；电气及自动化系吴风玲、机制工艺系刘鹏飞、经济管理系刘建祥同学组队代表山东省参加全国总决赛获二等奖，指导老师吴鹏。

2014 年 5 月，第十届全国职业院校“用友杯”沙盘模拟经营大赛山东省总决赛在潍坊落下帷幕。此次山东省总决赛共有 39 家职业院校 59 支队伍参赛。本次比赛共设 6 个特等奖（占参赛队 10%），我院一举夺得 3 个特等奖。

在 6 月份举行的 2014 年全国职业院校技能大赛中，我院学生代表山东省参加了 3 个赛项的总决赛，获得 1 金、1 银、1 铜的优异成绩。其中，“机械设备装调与控制技术”赛项夺得全国冠军，“移动互联网应用软件开发”赛项获得团体二等奖，“数控机床装调、维修与升级改造”赛项获得团体三等奖。

代表山东省参加 2014 年全国职业院校技能大赛夺取“机械设备装调与控制技术”赛项冠军的我院学生丁来源（左二）、贾怀杰（右二）、教练宋明学（左一）、教练胡德文（右一）和领队陈福恒（中）在颁奖现场留影。胡德文、宋明学被授予“全国职业院校技能大赛优秀指导教师”荣誉称号

代表山东省参加 2014 年全国职业院校技能大赛夺取“移动互联网应用软件开发”赛项获得团体二等奖的我院学生步连伟（左二）、苏崇元（左三）、朱俞（右二）和教练王绪峰（左一）、陈静（右一）在颁奖现场留影。陈静、王绪峰被授予“全国职业院校技能大赛优秀指导教师”荣誉称号

代表山东省参加2014年全国职业院校技能大赛“数控机床装调、维修与升级改造”赛项的我院学生邵珠林、李小雷、杨魁宗团队获三等奖，指导老师袁宗杰、张晓波。

2014年6月，由山东省科学技术协会和山东数学会主办、山东劳动职业技术学院承办的“山东省第五届大学生数学竞赛（专科组）”总决赛在我院槐荫校区标准化考场成功举行，来自全省31所高校的204名参赛选手参加了本届竞赛的总决赛。我院学生表现出色，获得5个特等奖、19个一等奖、10个二等奖。

2014年中国技能大赛山东省选拔赛信息网络布线赛项于6月26日在潍坊闭幕。代表我院参赛的信息工程与艺术设计系刘善正、郭希超、李纪龙三位参赛选手最终获得1金2银的好成绩。

参赛选手刘善正（左二）与指导老师甘博（右二）、金山（左一）、刘强（右一）在比赛现场留影

在2014年中国技能大赛山东省选拔赛中，我院汽车工程系王亚男、鹿健同学参加“汽车技术”项目山东省选拔赛，分别获二等奖和三等奖，指导教师张安刚、刘天琦。电气及自动化系亓超、金行行同学参加“电气装置”项目山东省选拔赛，分获二等奖、三等奖，指导教师尹四倍、孙常华。机械工程系刘士强、王永康同学参加“加工中心”项目山东省选拔赛，分获二等奖、三等奖，指导教师许彦斌、马国伟、李灿军。

2014年8月4日至7日，2014年中国技能大赛平面设计竞赛暨第43届世界技能大赛平面设计项目全国选拔赛在深圳举行。我院信艺系学生张佳鑫获第六名，入选国家集训队，备战2015年8月在巴西圣保罗举行的第43届世界技能大赛。参赛选手指导老师是孟欣、程亮。

2014年8月18日至20日，第十一届山东省大学生机电产品创新设计竞赛决赛在齐鲁工业大学举行。由我院机械工程系、机制工艺系、电气及自动化系、汽车工程系联合组成的代表队成绩突出，获得2个一等奖、1个二等奖、1个三等奖。其中，“城市河道清浮船”“多功能救援担架”获一等奖，“激光雕刻机”获二等奖。

2014年9月12日至15日，2014年“高教社杯”全国大学生数学建模竞赛拉开帷幕。我院选派了5支代表队参加本次竞赛。竞赛获奖名单于11月8日公布。由我院吴风玲、刘鹏飞、刘建祥三位同学组成的参赛队荣获全国二等奖。

2014年11月下旬，由山东省教育厅、山东省经济和信息化委员会、山东省财政厅、山东省人力资源和社会保障厅以及山东省农业厅联合主办的2014年山东省职业院校技能大赛（高职组）各项赛事陆续开始比赛。本次大赛高职组共设立了19个赛项。我院参加了其中4个项目的比赛并取得优异成绩。其中，“复杂部件数控编程与加工”赛项获一等奖（第一名），“移动互联网应用软件开发”赛项获一等奖。

2015年4月，我院由国际商务专业和电子商务专业卓越班学生组成的团队，在赵静和杨硕东老师的指导下，首次参加“第四届POCIB全国大学生外贸从业能力大赛”，最终取得团体三等奖的优异成绩。

2015年6月2日至4日，山东省第十四届大学生科技文化艺术节“百世杯”现代物流设计大赛在济南举行。大赛由省委宣传部、省委高校工委、团省委、省教育厅、省文化厅、省科协、省学联共同主办。全省41所大专院校的77支队伍参加比赛。我院由经济管理系派出代表队参加大赛并获得一等奖。

2015年6月13日，全国职业院校技能大赛高职组“联想杯”移动互联网应用软件开发赛项总决赛在潍坊举行，全国81所职业院校的代表队参赛。我院信息工程与艺术设计系2013级宗韶华、李登远、冯石磊三名同学组成的代表队荣获大赛一等奖（第四名），陈静、

2015年10月20日至21日，由教育部指导，中国汽车工程学会、中国职业技术教育学会主办的2015“北京汽车杯”全国职业院校汽车专业教师能力大赛在潍坊举行。我院汽车工程系青年教师夏福禄（左）、刘天琦（右）获得高职组汽车维修赛项一等奖

王绪峰荣获“优秀指导教师”称号。

2015 年 6 月 27 日 ，第六届山东省大学生数学竞赛总决赛（专科组）在青岛举行。我院学生荣获 14 个一等奖、36 个二等奖。我院再次荣获“山东省大学生数学竞赛优秀组织工作奖”荣誉称号，这是我院第五次获此殊荣。

2015 年 12 月 21 日，由山东省教育厅、省人力资源和社会保障厅、省经信委、省财政厅、省农业厅共同主办的 2015 年山东省职业院校技能大赛圆满落幕。

学院继多年来参加全省职业院校技能大赛高职组的赛事均取得优异成绩后，2016 年参赛再获佳绩。在 6 个参赛项目中获得 3 个一等奖、1 个二等奖和 2 个三等奖的好成绩。其中，“数控系统装调与维护”赛项获得全省第一名（一等奖），“移动互联网软件开发”赛项获得全省第二名（一等奖），“云计算技术与应用”赛项获得全省第三名（一等奖），“工业产品造型设计与快速成型”赛项获得二等奖，“电子商务技能”赛项、“汽车检测与维修”赛项获得三等奖。

2016 年上半年，我院作为世界技能大赛省级集训基地，承担了两项全省选拔赛，获得 CAD 机械设计项目全省第一名、机电一体化项目全省第一名、数控铣项目全省第三名的好成绩。

2016 年 8 月 15 日，第 44 届世界技能大赛全国选拔赛在上海世博展览馆举行。我院 2013 级广告设计专业吴凯琪同学凭借充分的赛前准备和出色的临场发挥，取得第五名的优异成绩并入选国家集训队，备战 2017 年在阿布扎比举行的世界技能大赛。世界技能大赛被誉为“技能界的奥林匹克”，是当今世界地位最高、规模最大、影响力最强的职业技能竞赛。

## 十、校园文化

建校 60 年来，学院积淀了丰厚的校园文化，形成了“诚朴厚重、崇德尚能、团结奋进、和谐共生”的优良传统和校风。

学院重视校园文化建设，注重融合吸收中华传统文化和现代企业文化精华，培育学生的人文素养和职业素质，通过实施党员干部网格化联系服务师生制度，实行学生工作半军事化管理、实践教学 7S 管理、新生军训、安全教育、法制教育、心理健康教育、礼孝文化教育、经典诵读、知行讲坛、室廊文化、青年志愿者社会实践活动、社团活动、大学生科技文化艺术节、企业实习、技能竞赛等各种形式，全面推进学生的素质提升和道德实践，培养造就了大批德能兼备的高技能人才。

### （一）校名：山东劳动职业技术学院、山东劳动技师学院

根据现有管理体制，学院是一套领导班子两块牌子，两个校名分属我国职业教育的两个类型，一个是“山东劳动职业技术学院”（全日制普通高等院校，学历文凭教育），一个是“山东劳动技师学院”（全日制技工院校，职业资格教育）。校名中的“劳动”二字，是指学院

的行政隶属关系。因为学院从建校之初即是山东省劳动局所开办的学校，除了在“文化大革命”期间，学院曾下放济南市管理之外，一直是省劳动厅（局）直属单位。

山东劳动职业技术学院 中石题

著名书法家、书法教育家欧阳中石先生为我院题写的校名

### （二）校训：卓越技能、出彩人生

我院历史上的第一个校训是 1996 年确定的“团结、勤奋、求实、创新”。改建高职院后，我院对校训进行了三次修订：第一次是 2000 年修订的“崇德、重艺、求是、创新”；第二次是 2006 年修订的“明德、厚能、博学、笃行”，同年还确定了“求真、求实、求精、求能”的校风、“学高为师、艺精为范”的教风和“德能双修、学以致用”的学风；第三次是 2015 年 8 月修订的“卓越技能、出彩人生”。

新校训的确立既是对我院 60 年办学历程的深刻总结，也是对我院办学理念和人才培养目标的高度概括，对我院通过专业化、系统化、高端化育人模式，培养综合素质高、创新能力强、技能水平高的高端技能人才，把学院建设成为全国全省一流的高职院校和全方位、综合性高端技能人才培养基地具有重要意义。

“卓越技能”，体现我院立足技能人才培养最高端的办学定位，坚持技术技能人才培养不动摇的理念，同时也体现人才培养特色，暗含我院“卓越技师”培养模式的探索。

“出彩人生”，体现学院要使每个学生得到全面发展，都能体面就业和技能成才的理念。要求要从人生角度关注学生成长，不仅需要专业技能，而且需要修身养性；不仅关注校内学习生活，而且关注学生未来的职业生涯和生活足迹。这也符合国家领导人对职业教育“让每个人都有人生出彩的机会”的重要批示和国家对职业教育的定位。

“卓越技能、出彩人生”，前后两句相互联系，相辅相成，具有鲜明的时代特色，核心价值突出，体现了职业教育的人才培养目标，体现了我院“卓越技师”的培养特色，个性鲜明，独具特色。

### （三）校徽

校徽的基本形状是圆形，寓意圆满、和谐、融合。上部为中文校名，下部为英文校名。

校徽主体由字母“L”及“J”的变体组成，寓意“劳动、技术、技能”。该图形同时是衣领的抽象体，寓意学院培养“金蓝领”人才。平行式的图形结构，体现学习、技能并重，

做事、做人并重。两个图形的交叉表明知识与技能相辅相成，你中有我，我中有你。

由内而外的三个圆环表明学院的发展经历了中等技术学校、高级技工学校及现在的高等职业院校这三个阶段。最外侧的圆环表明学院的发展具有无限的扩展空间。

校徽象形向左的指向标，寓意学院在新形势下按照既定目标向前发展。

“1955”表明学院的创始时间为1955年，天蓝色的底色体现出活力和朝气，寓意学院师生在同一片蓝天下，既传承历史，又走在时代前沿。

### （四）弘扬劳模精神，传承技术技能

近年来，学院先后成立了14个技能大师工作室，聘请了包括全国劳动模范、中华技能大奖获得者、全国技术能手、山东省泰山产业领军人才、山东省首席技师在内的技能大师来院带徒传技，发挥他们的高端引领和模范带动作用。

2006年10月，全国劳动模范、全国道德楷模、中华技能大奖获得者、当代产业工人的杰出代表——许振超同志，受聘担任我院首席高级技能指导教师和大学生素质教育客座教授

许振超同志做先进事迹报告——《知识改变命运　岗位成就事业》

许振超同志的先进事迹报告在学生中引起强烈共鸣

练出绝活
干出名堂
许振超
2006.11.20

许振超同志题词勉励我院学生："练出绝活，干出名堂"

2015 年 9 月，全国劳动模范、全国技术能手、山东省首席技师、山东省泰山产业领军人才、山东钢铁集团济钢焦化厂电气高级技师姜和信同志（左）受聘担任我院机电一体化技能大师工作室指导专家

2015 年 10 月，中共十八大代表、第十二届全国人大代表、全国劳动模范、中华技能大奖获得者、全国技术能手、山东省首席技师、山产省泰山产业领军人才、鲁南机床有限公司副总工程师——赵峰同志，受聘担任我院数控技术专业技能大师工作室指导专家

2015年10月，全国劳动模范、全国人大代表、国家级技能大师、中华技能大奖获得者、山东省泰山产业领军人才、山东豪迈集团王钦峰同志受聘担任我院模具设计与制造专业技能大师工作室指导专家。

### （五）学高为师，艺精为范

建校60年来，学院高度重视教师队伍的师德建设，广大教职员工坚持立德树人，积极践行社会主义核心价值观，涌现出一大批德能兼备的模范教师和师德标兵。

#### 荣获“全国优秀教师”等荣誉称号的教师

| | | |
|---|---|---|
| 王树范 | 全国优秀教育工作者 | 1989.9 |
| 杨廷金 | 全国职业技术教育先进工作者 | 1991.7 |
| 王树范 | 全国教育系统劳动模范 | 1991.9 |
| 金柏芹 | 全国优秀教师 | 1993.9 |
| 韩家生 | 全国技工学校优秀教师 | 1994.9 |
| 马绪耘 | 全国优秀教师 | 1995.9 |
| 袁宗杰 | 全国模范教师 | 2014.9 |

全国模范教师袁宗杰

#### 荣获“山东省优秀教师”等荣誉称号的教师

| | | |
|---|---|---|
| 高凤宝 | 山东省优秀教师 | 1985.9 |
| 刘同森 | 山东省优秀教师 | 1985.9 |
| 戴茂盛 | 山东省优秀教师 | 1987.8 |
| 胡　涌 | 山东省优秀教师 | 1991.9 |
| 金柏芹 | 山东省优秀教师 | 1993.9 |
| 刘文平 | 山东省优秀教师 | 1995.9 |
| 赵源益 | 山东省优秀教师 | 1997.9 |
| 刘祖荃 | 山东省优秀教育工作者 | 1997.9 |
| 陈立静 | 山东省职业教育先进个人 | 2012.9 |
| 宋明学 | 山东省优秀教师 | 2014.9 |

山东省优秀教师宋明学

从2012年起，学院开始评选表彰“十佳师德标兵”，每两年评选一次。

2012年9月10日学院表彰的首届“十佳师德标兵”合影（左起：任东梅、刘强、李家俊、张文平、贾洪杰、米刚、李士凯、陈立静、刘文学、杨远新）

2014年9月10日学院表彰的第二届“十佳师德标兵”合影（左起：吴立军、叶建学、孙常华、王保中、陆晓星、苏涛、胡艳丽、李雯、刘文涛、韩阳）

2014年，学院制定了《山东劳动职业技术学院教工守则》，并于9月10日（教师节）起实施。

## 附录：

### 《山东劳动职业技术学院教工守则》

一、在公共场合和学生中，要自觉维护党和政府以及学院形象，言论得当。

二、不迟到、不早退、不旷工；不能按时到岗须事前请假；教师按时上下课。

三、工作时间不脱岗、不干私活，不用电子设备看电影、炒股、玩游戏、网购。

四、衣着得体，工作时间不穿无袖服装、超短裙、短裤、拖鞋、凉拖。

五、教师、辅导员在上课、开班会期间不使用手机。

六、在有禁烟标志场所和学生面前不吸烟；不酒后进入教学场所和学生寝室；不与学生一起饮酒；上班时间中午不饮酒；值班时间不饮酒。

七、教师按授课计划授课并带教案，不擅自调课、缺课。

八、尊重学生学习和教师工作，上课时，不打扰教师，不让学生离开课堂做与上课无关的事。

九、尊重学生人格，不侮辱体罚学生；不在教工宿舍与异性学生单独相处。

十、不准接受学生及家长赠送的礼品礼金、有价证券等财物和宴请。

### （六）扶危济困，大爱无疆

每当国家和人民面临灾情和困难，我院师生都积极响应国家号召，发扬中华民族“一方有难，八方支援”的优良传统，向灾区人民提供力所能及的帮助。

在1998年8月的抗洪救灾募捐中，我院师生共捐款2.853万元，捐棉衣棉被1113件。

2008年5月12日，四川汶川发生大地震后，学院党委5月14日即做出决定：积极组织捐款捐物并接受四川地震灾区学生免费学习。会后立即组织师生捐款7.04万元，缴纳特殊党费8.837万元，捐棉衣棉被等物品621件。6月28日，我院迎来四川地震

2008年7月，学院被人力资源和社会保障部授予“全国技工院校培训援助行动抗震救灾突出贡献学校”荣誉称号

灾区中国东方电气高级技工学校的 19 名学生。董国勋厅长等省劳动和社会保障厅领导从火车站一同到达我院，参加了学院举行的欢迎仪式，现场查看了学生宿舍及生活用品、教室及学习用品，对我院细致入微的准备工作给予高度评价。

2008 年 6 月 28 日，我院在济南火车站迎来四川地震灾区中国东方电气高级技工学校转移就读的 19 名学生

2008 年 12 月，中国东方电气高级技工学校杨文光校长来院看望“四川爱心班”学生并向学院赠送锦旗

## （七）人文素养教育，遍地开花

诵读经典——汇报表演

知行讲坛——人文素质教育大课堂

法制教育讲座

就业指导讲座

安全教育——消防逃生演习

半军事化管理——课间操

半军事化管理——晨跑

社团活动——武术太极拳表演

半军事化管理——选配学生干部担任助理辅导员

心理健康教育——班级心理委员培训

文学艺术家送艺术进校园活动

大学生科技文化艺术节——学生艺术作品展

“欢乐劳技”职工合唱比赛

教职工广场舞比赛

青年志愿者参与城市文明服务活动

第二部分
劳技精神篇
立本求新　与时俱进

大学精神是一所学校的支柱和灵魂，犹如大海中的罗盘，黑暗中的明灯，能为人们指明方向，成为人们奋斗的导向和行动的指南，使人充满勇气，面对各种困难而坚持不懈地探索。大学精神，通过制度给师生提供正确的价值导向和高尚的精神追求，在潜移默化中规范和引导全体师生的言行，孕育良好的师德、优良的学风和融洽的师生关系，并在学生与学生、教师与教师、教师与学生中互相碰撞、升华、传播。

## 一、积淀与财富

学院建于 1955 年，是国家第一批、山东省第一所公办工人技术学校。经劳动部和省政府批准，1990 年在全国试办第一所高级技工学校，成功探索了通过学校教育培养高级技术工人的路子，并在全国加以推广。2000 年改建为“山东劳动职业技术学院”，是全国第一所由高级技校整建制提升为高职院校的学校。从这三个主要发展阶段来看，我们有三个第一：山东第一所工人技术学校，全国第一所高级技校，全国第一所技校转型成功的高职院校。这三个第一说明三个问题：一是我们始终走在技术技能人才培养的大路上，坚持方向不动摇。二是我们技术技能人才培养的方法有特色，全国领先，全国推广。三是我们在上世纪 50 年代就开始探索技能技术人才培养与学历教育融合互通的路子，工学结合、产教融合的道路逐步为社会认可，为加快现代职业教育体系建设积累了经验。

1966年4月，经山东省编委批准，当时“山东省劳动厅半工半读中等技术学校”改名为“山东省劳动厅半工半读机械学校”，学院作为总校下辖济南、青岛、淄博、烟台、威海、潍坊、德州、聊城、济宁九所劳动局半工半读机械学校分校，学院在山东省技工教育领域领头羊的地位由此确立。“半工半读”是刘少奇同志提出的“两种制度”教育思想，其理论基础是马列主义教育与生产劳动相结合的理论和中国传统的半耕半读思想，实践基础是他早年的勤工俭学经历和他对国外半工半读信息的及时把握及国内教育管理实践，目的是解决当时青年学生的升学和就业问题。同时，希望逐步消灭脑力劳动和体力劳动的差别，培养新型劳动者。这一思想的提出和实践，极大促进了新中国经济建设。这是我国现代职业教育工学结合思想的开端，很遗憾的是“文化大革命”开始后，职业教育这一宏伟蓝图和刚刚起步的实践也随之被破坏殆尽，但工学结合的职业教育思想以其强大的生命力延续至今，也成为省劳技精神的重要组成部分。党的十八大以来，党和国家把加快建设现代职业教育体系提升到国家战略的高度，工学结合、知行合一重新被确定为现代职业教育的核心指导思想，不论是德国的“双元制”，还是英国的“三明治”，其职业技术教育的核心都是工学结合。“省劳技”有60年高技能人才办学的深厚底蕴，相信我们一定能够继往开来，在现代学徒制试点、卓越技师培养等方面开拓创新，把“省劳技”精神发扬光大。

## 二、特色与品牌

学院始终坚持高素质技术技能人才培养的目标不动摇，注重理论与实践结合，突出技能培养，实行“高等学历+高级职业资格”的“双高证书”制度。充分利用省人社厅、省教育厅双重领导的政策优势，结合自身教学的设施设备和师资条件，在人才培养过程中坚持因势利导、因材施教，不断探索工作过程导向、教学做一体、模块化教学、项目教学等先进的高等职业教育理念和教学改革，培养的毕业生深受企业、社会欢迎，形成了“省劳技”的鲜明特色和响亮品牌。

### （一）坚持高端引领，努力站在技能人才培养的高端水平

系统化、专业化和高端化，是我院人才培养的主要特色。在专业建设方面，多年来，我院紧紧围绕我省经济社会发展，不断调整专业和课程，培养适应社会需求的高技能人才。我院机电类传统专业始终保持全省高职和技工院校的领先水平。近年来，我院继续提升改造专业水平，同时设置3D打印、逆向工程、工业机器人等新专业，适应先进制造业、现代服务业对高端技术技能人才的需求。在高端培养方面，深化双证培养，在全国率先启动“卓越技师”

培养计划，学生毕业时，达到“专（本）科学历＋技师资格”培养目标，既能够取得专（本）科学历证书，又能够取得技师职业资格证书。卓越技师班毕业生对口就业率达 89.2%，到国有大中型企业就业的毕业生占 81.3%，薪酬比普通高职生高约 30%。我院人才培养质量不断提高，在各项技能竞赛中成绩优异。2013 年以来取得省级以上奖项 305 个，其中国赛一等奖 8 个、二等奖 6 个，省赛一等奖 85 个。此外，我院还是厅里确定的世界技能大赛“机电一体化”和“CAD 机械设计项目”的培训基地。

### （二）创新人才培养模式，形成校企合作、产教融合的培养特色

在校企合作方面，与西门子、日立、斯凯孚、联想等全球知名企业开展深入合作，实现“五个共同”。创新具有专业特色的人才培养模式，如电子商务专业，校企共同创立大学生就业创业孵化基地，学院提供场所，青岛光谷、阿里巴巴等企业投入 50 万元，提供电商平台、装修经营场地、配备办公设备等，为学生创新创业提供平台。学院是“新型学徒制”“现代学徒制”双试点院校，是人社部一体化教学试点院校。同时，学校有自己的实习工厂，能够为教师和学生提供技能培训，实现校企协同育人，也是鲜明特色之一。

### （三）落实社会主义核心价值观，形成较为系统的办学理念和校园文化

2011 年，党委提出了“高端引领、特色立校、内涵发展、多元办学”的方针。去年，又凝练了新的校训和校风，新校训为“卓越技能、出彩人生”，新校风为“诚朴厚重、崇德尚能、团结奋进、和谐共生”，充分体现了个性特色。在人才培养方面，把握好“全人培养”与“一技之长”的关系，从 2012 年开始实施“三位一体”人文和职业素养培养体系，把职业素养教育贯穿人才培养全过程。重视传统文化教育，开展“孝”“礼”等传统文化专题教育，得到了高校工委的肯定和推广。

### （四）注重师德建设和实践能力培养，打造一流的师资队伍

在加强师德建设的基础上，从教师的教学能力、实践操作能力、科研能力等方面对教师进行能力提升，从学历层次、双师型数量、兼职教师比例等方面优化教师结构。专业教师“双师”素质占比超过 90%。具有高级技能以上职业资格证书的教师占比达 91.36%。培养了一批“教练型”教学名师和专业带头人。1 人被评为省级教学名师，有 11 个省市首席技师和突贡技师，建成了 1 个省级优秀教学团队，把我省最高层次的技能人才“泰山产业领军人才”和一批省首席技师引入学院，建立了 14 个技能大师工作室。2013 年以来，学院立项课题 71 项，结题 32 项，获得省级高等教育教学成果二等奖 3 项、三等奖 2 项。不断改革完善体制机制，建立向一线教职工倾斜的收入分配、职称评审等制度，调动教职工教书育人的积极性。

省人社厅、省教育厅对我院卓越技师培养模式给予高度评价，将推进卓越技师培养试点

写入省教育厅2014年工作要点。省委副书记王军民、省人社厅厅长韩金峰等领导来我院视察指导工作时，对我院卓越技师培养工作给予充分肯定，并指出通过学校教育培养卓越技师是加快培养高端技能人才的好路子。

## 三、师资与传承

一流的师资队伍是省劳技精神传承不歇的人才支撑，大学精神不唯大楼大厦，更需要大师名师。学院高等职业教育的属性，需要我们组建一流的双师型教师队伍。学院长期坚持岗前培训、下厂实习等措施培养专业、实训教师，并注重从实习工厂技术、生产一线中选拔教师，充实学院双师型教师队伍。目前，学院有教授21人，副高职称176人，130人具有技师以上职业资格。教师中2人获得“全国技术能手”称号，6人荣获“富民兴鲁劳动奖章”，24人获“山东技术能手”称号，还有山东省有突出贡献技师2名，山东省首席技师3名，济南市首席技师3名，全国模范教师1名，山东省优秀教师1名，山东省教学名师1名。学院还通过派出教师到企业锻炼和技术服务、国内外培训、技能大赛等多种形式，增强专任教师动手实践能力，构建双师型师资队伍。电气及自动化系采用模块化教学，把专业教学和技能培训内容分解为若干模块，理论教师和实习教师合理搭配，组成各模块的双师型教学团队，各班学生在不同的模块中学习，形成了“生产流水线”式的专业培养体系。这种方法是通过团队力量，发挥专业课教师各自优势，弥补教师个人在理论或技能方面的不足，教学过程中相互促进，共同提高。通过构建双师型教学团队，优化教学力量，改进教学方法，逐步提高专业课教师个人的双师素质。

学院制定了《兼职专业带头人管理办法》《技能大师选聘考核管理办法》等有关制度，从社会上广纳英才，充实兼职教师队伍。聘请“全国技术能手”“山东省首席技师”等能工巧匠，成立技能大师工作室14个，聘用兼职专业带头人21名。在兼职专业带头人的组织指导下，把新技术、新工艺、新材料、新方法充实到教学过程中，专业、课程建设得到进一步提升；在技能大师的指导下，把企业典型生产工艺作为教学课题或重点实训项目，以师傅带徒弟的形式进行技术绝活传承，探索现代学徒制。利用“技能大师工作室”的平台，促进实践教学、大赛培育、技术研发和师资提升。

山东劳动职业技术学院技能大师工作室一览表

| 序号 | 工作室名称 | 专业 | 主要成就 |
| --- | --- | --- | --- |
| 1 | 赵峰技能大师工作室 | 数控技术 | 赵峰，鲁南机床有限公司副总工程师，全国劳动模范、全国技术能手，泰山产业领军人才，享受国务院政府特殊津贴。 |
| 2 | 齐书新技能大师工作室 | 数控技术 | 齐书新，中国石油济南柴油机总厂加工中心班长、高级技师，中国石油集团“特等劳动模范”。 |
| 3 | 李强技能大师工作室 | 数控技术 | 李强，泰安航天特种车有限公司数控车工高级技师，山东省首席技师、全国技术能手。 |
| 4 | 王钦峰技能大师工作室 | 模具设计与制造 | 王钦峰，全国劳动模范、山东省首届泰山产业领军人物、全国技术能手、中华技能大奖获得者。 |
| 5 | 李光福钳工技术技能大师工作室 | 机械设计与制造 | 李光福，济南锅炉集团有限公司钳工高级技师，济南市首席技师、山东省技术能手。 |
| 6 | 姜和信技能大师工作室 | 机电一体化技术 | 姜和信，山东钢铁集团高级技师，山东省首席技师、全国技术能手，山东省首届泰山产业领军人才，全国劳动模范，享受国务院政府特殊津贴。 |
| 7 | 宁长军技能大师工作室 | 机电一体化技术 | 宁长军，中国重汽集团济南卡车股份有限公司高级技师，全国技术能手、山东省首席技师，中国机械工业联合会有突出贡献技师。 |

（续前表）

| 序号 | 工作室名称 | 专业 | 主要成就 |
|---|---|---|---|
| 8 | 王亮亮技能大师工作室 | 机电一体化技术 | 王亮亮，山东栋梁科技设备有限公司技术中心经理、工程师。 |
| 9 | 王兆祥技能大师工作室 | 楼宇智能化工程技术 | 王兆祥，济南火哨安全科技有限公司副总经理、高级工程师。 |
| 10 | 李绪升技能大师工作室 | 汽车检测与维修技术 | 李绪升，山东润华集团奥迪 4S 店技术总监，汽车维修高级技师、省首席技师。 |
| 11 | 孙桂森技能大师工作室 | 焊接技术 | 孙桂森，济南锅炉集团有限公司高级技师，山东省首席技师、全国机械行业突出贡献技师。 |
| 12 | 薄自洋艺术大师工作室 | 艺术设计 | 薄自洋，中国美术家协会会员、中国工艺美术大师。 |
| 13 | 张荣超技能大师工作室 | 软件技术 | 张荣超，联想集团教育与培训事业部技术总监。 |
| 14 | 李文黎物流工作室 | 物流管理 | 李文黎，物流实训室方案设计与实施专家、全国职业院校现代物流技能大赛特邀企业专家。 |

## 四、口碑与精神

党的十八大以来，以习近平同志为总书记的党中央从坚持和发展中国特色社会主义全局出发，提出并形成了全面建成小康社会、全面深化改革、全面依法治国、全面从严治党的战略布局。历史赋予工人阶级和广大劳动群众伟大而艰巨的使命，时代召唤工人阶级和广大劳动群众谱写壮丽而崭新的篇章。反腐倡廉让不劳而获的蛀虫纷纷落马，八项规定让奢靡享受无处遁形，劳动光荣让广大人民充满希望。由堪心作词、印青作曲，殷秀梅、廖昌永演唱的《劳动最光荣》这样唱道：“有一种奉献叫劳动，勤奋劳动是我的执着，有一种情怀叫赤忱，诚实劳动是我的承诺，有一种力量叫开拓，创新劳动是我的追求，有一种付出叫收获，创造伟大是我的赞歌……劳动最光荣，把人间美好传唱每一个角落。”这首歌是学院人才培养、社会贡献的真实写照。全面建成小康社会，从根本上要靠劳动、靠劳动者创造，崇尚劳动、尊重劳动者应该成为时代强音。山东劳动职业技术学院 60 年砥砺前行，以培养生产服务一线的高素质劳动者为培养目标，培养的优秀毕业生传唱着劳动光荣、技能宝贵、创造伟大的赞歌。

截至 2015 年 7 月，山东劳动职业技术学院已经累计为社会培养高技能人才 10 万余人，有 1 万余名优秀毕业生成为企业的技师、高级技师、首席技师，全省职业院校机电类专业实习指导教师相当一部分来自我校。他们当中有山东省首席技师、追赶许振超的码头工人白永亮，有享受国务院特殊津贴的滨州市劳动模范、山东省首席技师孙东，有创业成功不忘回馈母校、捐款百万元设立创业基金的陈玉朋，有全国模范教师袁宗杰，有最新当选全国十大教书育人楷模的王其平。他们奋斗在现代制造业、电子信息业、现代服务业、现代职业教育的前线，为“中国制造 2025”“工业 4.0”和现代职业教育事业奉献着青春和力量，在普通的劳动岗位上传唱着不朽的劳动者之歌，传承着永恒的省劳技精神。

历经 60 年风雨，艰苦朴素、吃苦耐劳、坚韧不拔、勇于探索、敢于创新成为省劳技人坚守的精神品质，指引着我们在现代职业教育的大潮中挫而弥坚、锲而不舍，坚持高技能人才培养的方向不动摇，坚持工学结合的人才培养方式不动摇。打通技工学生上大学的立交桥、卓越技师培养、现代学徒制试点、新型学徒制试点，我们始终走在职业教育的最前沿。在校庆 60 周年访谈中，我们和学校的老领导、老教师讨论过这样的话题：车、钳、电这三大学院主打品牌工种，以及由此衍生出来的数控技术、模具制造、焊接技术、机电维修等专业人才培养，需要消耗大量的人力和物力成本，因此首先需要有吃苦耐劳、技艺精湛的实习指导老师，其次需要先进的设备和训练场地、科学的培养方式方法，再次就是需要大量的实训耗材作支撑。这些专业的人才培养成本远高于国家生均拨款经费，更高于培养第三产业服务类专业学生的成本。我们只有发扬艰苦朴素、吃苦耐劳的精神，才能够把人才培养好、把学校办好。

历史车轮滚滚向前，进入2016年，学院修订“卓越技能、出彩人生”为新校训，接地气，入人心，既体现历史传统，又弘扬时代精神。电气及自动化专业、机械设计与制造专业实现了“3+2”对口贯通分段培养，与济南大学、山东交通学院合作培养，在探索“本科学历＋技师资格”高素质技能人才培养的道路上走在全省、全国前列。在2014年全国职业院校技能大赛中，我院机械设备装调与控制技术项目获得全国第一名，平面设计项目获得全国第六名，进入国家集训队备战世界技能大赛。2015年移动互联网应用软件开发项目获得全国一等奖，在2015年11月刚结束的山东省职业院校技能大赛中获得两个一等奖、两个二等奖。这些成绩的取得是对学院产教融合、工学结合人才培养模式的验证和肯定，是省劳技精神的光荣绽放。

第三部分

# 人物口述篇

追忆往昔　感念师恩

## 一、校友风采

### 1. 全国教书育人十大楷模

——王其平（1990 级校友）

2015 年 9 月 8 日，在第 31 个教师节来临前夕，中共中央政治局常委、国务院总理李克强在北京会见全国教书育人楷模及优秀乡村教师代表并作重要讲话。刚刚当选全国教书育人十大楷模的我院 1990 级校友王其平受到李总理的亲切接见。

报道称，为热烈庆祝第 31 个教师节，大力宣传人民教师教书育人的感人事迹，引导广大教师争做党和人民满意的“四有”好老师，在全社会进一步营造尊师重教的良好风尚，中央媒体开展了第六届全国教书育人楷模推选活动。经过各省推荐、媒体展示、公众投票、组委会推选，最终推选出 10 位全国教书育人楷模。我院 1990 级校友、山东枣庄职业学院高级实习指导教师王其平榜上有名。

王其平，男，汉族，1973 年 3 月出生，我院高技部 1990 级机械装配与修理专业学生，1992 年以专业考试第一名成绩获八级钳工证书，毕业后被分配到枣庄市劳动局技工学校担任实习指导教师，现任山东枣庄职业学院高级实习指导教师。从教 20 多年来，他把职业教育作为自己的终身事业，在钳工教学领域勤学苦练，以身示教，用高尚的师德和过硬的技能培育影响着一批批青年学子。他注重培养学生的自信心，以自身求学发展的经历鼓舞学生，让学生对专业学习充满热情。他总结出“三检六勤”教学法，在教学中将理论、制作工艺、技巧、经验融为一体，指导学生高质量地完成生产实习。他的学生成绩优异，在历年的职业资格鉴定中合格率达100%，受到用人单位好评。王其平本人曾获全国“五一劳动奖章”“全国技术能手”“山东省首席技师”等称号。

我院1990级校友王其平

**附录：** 2015年7月23日《中国教育报》王其平事迹报道

## 给学生一碗水
## ——记山东省枣庄职业学院教师王其平

从教20多年来，王其平在职业教育岗位上，勤学苦练，攻坚破难，默默奉献，用高尚的师德、过硬的技能培育影响着一批又一批青年学子。他是职业教育专业发展的尖兵，是学生的引路人，又凭着主动钻研、锲而不舍的学习精神，掌握了一手过硬的技术，取得一个又一个佳绩。

——题记

### 争做职业教育的尖兵

自参加工作的那一天起，王其平就把职业教育作为自己的终身事业，立足本职，勇于探索，争做职业教育的尖兵。

为了高质量的完成每一项生产实习教学任务，力争使每个课题都成为精品，王其平精心搞好实训课堂设计。他在实习课堂上规范的教姿、教态、教风的展示，给学生留下了深刻的印象。他将欣赏性、启迪性、实效性融为一体，设计精美课件。在实习教学中，他注重突出学生的主体地位，对学生多鼓励、多表扬、多肯定，帮助学生享受成功的成就感，增强深入学习和掌握现代科学技术的信心，让学生以自己的方式分享学习成功的乐趣。在备课时，为了让基础差的学生能听得懂、掌握得好，让基础好的学生理解深刻，把握精髓，他总是潜心钻研教材，绞尽脑汁设计每个课题。讲课时，他擅长以学生现有的知识为基础，从最简单的原理出发讲透复杂深奥的理论。例如在诠释复杂零件制作时，他就先在计算机上设计出三维动画，帮助学生直观、形象地理解和掌握加工工艺；同时耐心细致、不厌其烦地解答学生提出的各种疑难问题。

他还潜心研究理论教学与实践教学的最佳结合点，实现实践教学的最佳效果。在教学实践过程中，他亲自示范，将理论、制作工艺、技巧、经验融为一体，使学生理解深、掌握牢、干得快、质量好。当学生制作工件遇到难题时，他总是耐心地帮助学生从理论的高度解疑释难，使其既学会用理论指导实践，又掌握用实践检验理论是否正确的科学方法，从而大大激发了学生学习理论的积极性和只有通过实践才能提高技术的科学性。王其平在长期的实习教学工作中，总结出了“自检、互检、教师再检”和“勤走动、勤观察、勤动脑、勤讲解、勤动手、勤总结”的“三检六勤”教学方法，大大激发了学生学习科学技术的热情。2010 年 10 月的第三届全国技工院校技能大赛山东省选拔赛，学院参赛事宜由王其平具体负责，他通过采取自由建组，积极报名，统一培训，优中选优，积极备战，选拔推荐参赛学生田鑫，获得比赛二等奖。

### 当好学生的引路人

好的老师必须有高尚的道德情操，有仁爱之心，率先垂范，当好学生的引路人。尤其是班主任，作为班级管理的“一把手”，对于培养政治合格、技能过硬的技术人才，实施素质教育，起着很重要的作用。在王其平任班主任兼实习指导教师的工作中，他既做学生的良师益友，又当好学生健康成长的保护者和引路人，大胆、认真、耐心、细致并充满热情地对待学生。他从抓好德育入手，在德育中晓之以理，动之以情，真正从思想上正确引导学生，从生活上关心爱护学生，使学生生活在充满家庭温情的氛围之中，促进了自身健康成长。

1992 年，王其平以钳工专业第一名的成绩毕业于山东省高级技工学校（现山东劳动职业技术学院），分配到枣庄技术学院工作。在工作实践中，他常感到已有业务知识远远适应不了工作的需要。为此，他把提高专业技术水平作为高质量完成工作任务、实现自我价值的第一要务。通过多年刻苦学习，考取了天津工程师范学院机械制造与自动化专业本科。

毕业后，他又锁定钳工专业技能的前沿，自学了“特种加工技术”“CAD/CAM 技术”“PRO/ENGINEER”“UG 产品设计”“数控电火花加工技术”等课程，专业技术水平有了长足的进步。在 ZQ30 型摇臂钻和 ZX50 型钻铣床等产品生产、专用机床的技术改造以及工装的设计与制造工作中，他的专业知识和技术发挥了关键作用。

针对职业教育学生基础差、不自信、学习热情不高的实际，王其平特别注重培养学生的自信心，以自身求学发展的经历鼓舞学生，力争让每一个学生都能对自己的前途充满自信，对自己的专业学习充满热情。

**靠一股拼劲**

王其平深知“给学生一碗水，教师就必须有一桶水”“名师才能出高徒”的道理。一名优秀的教师必须有扎实的学识。在钳工领域奋战 20 多年的他，与“拼”字亦有不解之缘，通过勤学苦练，不断提升自身技能。为了把钳工专业提高到一个新水平，他靠着一股拼劲，从钳工锉、锯、錾、划线、钻孔等基本功练起，一遍遍地锉，一遍遍地锯，一遍遍地琢磨，特别是 2007 年参加山东省“劳动之星”钳工比武大赛前，他认真设计参赛方案，精心筹划参赛事宜，向有实践经验的技术高手学习取经，白天奋战在实习车间，夜晚钻研学习在灯光下，深入分析每一步的操作过程，精雕细琢每一个工艺细节。在从事高强度的精密操作技术和测量训练中，为了达到项目技术要求，他反复训练，反复提高，直至精准。为此，他常常腰酸腿疼，疲劳不已，但他仍坚持不懈。

靠着这股拼劲，凭着这种主动钻研、锲而不舍的精神，他破解了一个个难题，掌握了一手过硬技术，取得了一个接一个佳绩。2005 年，枣庄市职工职业技能大赛钳工组决赛取得第一名，破格评为高级技师。2006 年，山东省第二届职工职业技能大赛，获钳工组第一名，被中共枣庄市委、枣庄市政府记二等功，并获“振兴枣庄立功奖章”。2007 年，在山东省“劳动之星”钳工比武中，其展示的“目测配钥匙”的超强技能令评委们惊叹不已，取得第一名。2008 年，他被聘任为“枣庄职业学院首席技师”。2009 年，被授予“全国五一劳动奖章”，获评“枣庄市首席技师”。2010 年，获评“山东省首席技师”。2015 年起，享受国务院政府特殊津贴。

凭借其突出的表现，王其平还先后获得“全国技术能手”“山东省青年技术能手”“山东省十大青年技工”“山东省富民兴鲁劳动奖章”“枣庄市劳动模范”等一系列荣誉，成为枣庄职业学院乃至枣庄市最年轻的青年技术人才。

## 2. 捐资百万设立学生创业基金

——陈玉朋（1997 级校友）

2015 年 6 月 2 日上午，由深圳市亿博创瑞生物科技有限公司董事长陈玉朋捐资设立的“山东劳动职业技术学院陈玉朋先生创业基金会”揭牌成立。陈玉朋是我院 1997 级校友，毕业后秉承学院“诚朴厚重、崇德尚能、团结奋进、和谐共生”的办学传统和精神，自强不息，艰苦奋斗，通过个人勤奋的努力和执着的追求，创立了深圳市亿博创瑞生物科技有限公司。在自己的事业发展中，他不忘感恩母校，回馈社会，在母校设立了“山东劳动职业技术学院陈玉朋先生创业基金”，从 2015 年开始连续资助 100 万元，用于支持学院学生自主创业。

陈玉朋与学院领导在捐赠仪式上

学院校庆采访组对陈玉朋进行了专题采访，下面是这位优秀学子对学院的赤诚心声。

我是省劳技 1997 级金属切削专业毕业生，1999 年 7 月毕业后，赴深圳震雄集团工作，2002 年开始自主创业，通过自己的勤奋与努力，本着学习、总结、改善、做强、做大的理念，先后创立了香港亿超科技集团有限公司、深圳市亿博创瑞生物科技有限公司、广西创瑞生物科技开发有限公司等多家企业，业务范围涉及电子产业、生物制药、医疗设备、机械制造、文化传媒等，现已成长为年销售额过亿元的集团化运营企业。

回想当年在母校学习的日子，感受颇深。是母校在我的成长过程中，给予我无法衡量的财富，使我受益匪浅；是母校的培养教育，让我的人生观和价值观趋于成熟；是母校的培养教育，把我一个从农村走出来的孩子培养成为一个有用的专业型管理人才。说句实在话，当年在省劳技的点点滴滴，对我的人生成长起到了关键作用。班主任老师对我的谆谆教诲，使我懂得了人生的价值和目的，实习老师手把手教会了我操作技能，使我掌握了一技之长，理论课老师教会了我科学文化知识。为不辜负学校老师的培养，我在学习期间，勤奋读书，刻苦钻研实习技能，连年被评为“三好学生”，所有这些都为我的就业、创业打下了坚实的基础。

回想起来，依然觉得在母校的日子，是我整个青年时代中最快乐的一段时光。同学们之间感情深厚，老师对学生关怀备至。是母校给了我知识，带给我机会，从某种意义上说，学校改变了我的人生轨迹，对于母校的感激无以言表。

为感谢母校对我的培养教育之恩，报答母校，支持和鼓励广大在校学生自主创业成才，在母校建校 60 周年之际，我在母校出资设立了创业基金，成立“山东劳动职业技术学院陈玉朋先生创业基金”，从 2015 年开始连续资助 100 万元，用于我院学生自主创业，希望能够激发广大学生的自主创业热情，帮助更多想要创业的学生实现自己的创业梦想。

我们的学校是一所培养高技能人才的摇篮，学院特别重视人才培养质量和学生综合素质的提升，希望广大在校同学珍惜学习机会，勤奋学习，刻苦钻研，早日成为国家建设的栋梁之才。

在学院建校 60 周年之际，祝愿我们的“省劳技”明天更美好！

### 3. 全国烟草技术能手

——杜斌（1988 级校友）

“在技校读书的时候，觉得‘技师’非常了不起！当时给我们讲过课的技师最小的也有 40 岁以上，而且都是同龄人中的佼佼者。那时就想着，要是自己也能成为技师……”在山东中烟工业公司（以下简称“山东中烟”）济南卷烟厂的车间办公室里，杜斌向我们谈起了学生时代的理想。可是，杜斌的理想提前实现了。2002 年，他通过了烟机设备维修技师的资格认证。那年，他才 29 岁。

杜斌，我院 1988 级磨工专业的优秀毕业生，现任济南卷烟厂包装机技术主管，高级技师、山东中烟工业有限责任公司首席技师、济南市突出贡献技师、国家职业技能鉴定高级考评员、国家职业技能竞赛裁判员。

杜斌在工作中

1991 年，他从山东省劳动局技工学校磨工专业毕业到济南卷烟厂工作。从操作磨床转行到操作完全陌生的烟草包装机，杜斌压力巨大，为了更快、更好地掌握业务，他自觉学习设备操作说明书，虚心向周围老职工请教，不断充实自己的理论知识，提高业务技能。凭借刻苦钻研、谦虚谨慎的精神，他很快掌握了烟机设备的操作方法和维修技术，成为首批被企业派遣出国学习新设备的维修技术人员，从一名操作工迅速成长为车间维修骨干。在担任维修主管后，他尽职尽责，敢于担当，以保证产品质量和提高设备有效作业率为己任，积极开展设备点检、轮保等预防性维修工作，制订合理的维修保养计划，对设备进行全面、细致的检修保养，确保其始终处于最佳运行状态，出色完成了各项生产指标。同时，他积极开展技术革新，多次组织参与厂里重大技改项目和新产品生产工作，先后有 15 项成果获得厂及省局公司技术创新奖，3 项获得国家专利，为企业创造了巨大的经济效益。

“一枝独放不是春，百花齐放春满园”，多年来他还担任企业兼职教师，积极发挥“传、帮、带”作用，传技带徒，为企业培训了一大批操作维修骨干。技术培训人员达 600 多人次，其中 2 人取得高级技师资格，15 人取得技师资格，300 多人取得中高级职业资格，5 人在全国及省内行业竞赛中取得前三名的好成绩。通过多年的经验积累、扎实的专业技能以及良好的心理素质，他先后代表济南卷烟厂参加山东中烟第一届、第二届以及全国烟机设备维修职业技能竞赛，并连续取得第一名的好成绩，为企业争得了荣誉。

经过多年的工作积累和勤奋的学习，他于 2002 年通过了技师职业资格鉴定，2010 年通过了高级技师职业资格鉴定。作为国家职业资格鉴定高级考评员和国家职业技能竞赛裁判员，他多次参加行业内 3 ～ 5 级职业资格鉴定，技师、高级技师职业资格鉴定和技能竞赛裁判工作，曾多次担任省二类竞赛的裁判长及技师鉴定考评组长职务，受到了国家烟草专卖局职业技能鉴定中心及各烟草企业领导和考生的认可，被评为“烟草行业优秀高级考评员”。

“博观而约取，厚积而薄发”，杜斌勤奋进取，刻苦钻研技术，对工作认真负责，在平凡的岗位上取得了优异的成绩，先后被授予“山东中烟工业公司首席技师”“济南市突出贡献技师”“济南市十佳职工创新标兵”“山东省技术能手”“全国烟草行业技术能手”“全国技术能手”“济南市五一劳动奖章”“山东省富民兴鲁奖章”等荣誉称号。

我们在采访时他说：“在母校学到的知识为我现在从事的维修工作打下了坚实的基础。其实机械是相通的，像机械基础、机械制图、公差与配合、金属材料的应用、工程力学等理论知识在我现在的工作中常被用到。同时，在学校的实习过程又锻炼了我的动手能力和分析思考能力。虽然我们学的知识不如大学的知识深入，但是我们的动手能力要比大学生强得多，而且我们在学校实习工厂的学习，使我们更早适应了一线工人的工作环境和工作方式，进入企业后很快就能融入新环境，掌握业务技能，工作起来不怕脏、不怕累、踏实肯干，这正是企业需要的技术工人。我们传承了工人质朴、诚恳的本质。”

## 4．山东远邦科技集团董事长

——胡庆民（2007级校友）

随着一声锣响，山东远邦科技集团有限公司在上海股交中心成功挂牌。山东省政府办公室、济南市历下区等各级领导与相关媒体一同出席了本次挂牌仪式，对山东远邦科技集团挂牌进行了见证和祝贺。山东远邦科技集团有限公司是一家多元化、跨领域经营的高科技企业集团，其研发产品及解决方案涵盖软件开发、互联网技术应用、物联网技术应用、环保新能源、企业智能化管理、智慧城市、文化传媒、国际贸易、企业征信、机动车检验检测等多重领域。

而这个挂牌上市的科技集团董事长正是我们“省劳技”2007级的优秀毕业生胡庆民，下面我们来听听他的“创业成才经”。

胡庆民在集团上市仪式上讲话

当年毕业离校后与别的同学找工作不同，我一开始就选择了自主创业的道路。起初是非常困难的，社会经验不足，没有创业导师，对于怎样创业，选择何种发展道路，好像无头苍蝇。这种情况下，我没有放弃，依然坚定信念，自己摸索怎么找项目、拓市场，查阅了大量的学习参考资料，终于有了些许收获。在这之后与朋友去北京考察学习的一次经历，给了我创办山东省青年就业指导中心的启示。在“中心”的不断发展过程中，我逐步积累了更多的经验，更加明确了未来的发展道路。借助国家大力发展互联网、智慧城市的契机，我创办了山东远邦科技集团有限公司——智慧城市融合解决方案和数据运营服务商。我想，正是在“省劳技”的求学生活，赋予了我在逆境中百折不挠的精神。

“铁打的校园，流水的学生。”每个人的青春都终将逝去，每年都有数以千计的优秀学生把自己的青春足迹留在这里。在母校的生活就像大海中的一盏明灯，指引着我沿着正确的方向扬帆远航。在母校的学习生活让我学到了知识、提升了素质、感受了充实、获得了信心。我是在农村长大的，家庭十分困难，上大学之前，我几乎没出过远门，对外面的世界也知之甚少。真正步入“省劳技”的校门之后，我没有感觉到丝毫的生疏和不适，我发现这里的环境和氛围非常好，让我快速融入了这个新的大家庭。而在学生会外联部的历练为我今后的创业之路增添了信心、动力和勇气，我时刻以身为一名“省劳技”人为荣，也坚信要通过自己的努力奋斗为母校增光添彩。

“卓越技能、出彩人生”这个新校训非常好，也非常有深意，把“省劳技”精神凝练了进去，在全面贯彻党和国家政策方针的基础上，通过理论与实践的深度结合，广泛而深入的学习，达到能力的全方位提升与积淀。这一校训对我今后的创业历程影响深远。还有就是朴实，在我们“省劳技”的学生身上基本上能够看到一些共性的东西，那就是朴实、勤奋和坚韧，无论遇到什么困难挫折，都能够去克服，有一种不服输的精神。虽然离开母校有一段时间了，但我还是时常关注母校的动态。母校的办学底蕴深厚，始终坚持“高端引领、特色立校、内涵发展、多元办学”的方针，把人才培养质量放在首位，改革创新培养模式，在校企合作、工学结合培养高端技能人才方面走出了自己的特色之路。同时，还具有培养“专科学历＋技师职业资格”高技能人才的独特优势，在国家级、省级技能大赛中取得了很突出的成绩。同时，母校还很重视学生职业素质培养，把校园文化、传统文化与企业文化融为一体。多年来，毕业生以“素质高、技术好、能力强”深受用人单位的欢迎。

青年是民族的希望，国家的未来，青年学生是国家的宝贵人才资源。党和人民对包括广大青年学生在内的全国青年寄予厚望。在互联网高度发达的今天，国家鼓励“大众创业、万众创新”。希望在校的师弟师妹们，首先能把文化知识和时代背景紧密结合起来，青年人朝气蓬勃，敢于接受新事物，正处于学习的黄金时期，应该珍惜美好的青春年华，顺应时代，深入学习科学文化知识，提高个人综合技能。同时，也希望师弟师妹们能把全面发展和个性发展、创新思维和社会实践紧密结合起来，科学理论、创新思维来自于实践，又服务于实践，在打好知识根基的前提下，提高创新思维能力，在发展个人兴趣专长和开发优势潜能的过程中，保持个性，彰显本色，将思想成长、学业进步、身心健康有机结合起来。也祝福我的师弟师妹们能适应时代发展，在未来的工作和学习中开创属于自己的一片天地。

在母校60周岁华诞之际，感谢母校的教育和培养，祝愿母校今后能为社会输送更多的高技能人才，写下更加辉煌的篇章。

## 5．荣誉是工匠的生命

——于峰（1991 级校友）

“从一名技校学生到如今的济南第六机床厂副厂长、高级工程师，20 多年来，于峰践行了一名现代工匠所应具备的精神。他曾获得‘全国技术能手’和‘山东省技术能手’等荣誉称号，2012 年当选为山东省第十次党代会代表。”这是 2015 年《齐鲁周刊》采访报道于峰的一段索引。

于峰近照

我的老家在潍坊诸城，最开始在诸城技校中技班学习。1991 年通过统一考试，进入我们“省劳技”高级班学习。在中技班学了三年，算是老师引进门，教给我车工专业基本的东西，在高级班读了两年之后，则是一个很大的飞跃。那个时候学院的教学模式基本属于“半工半读”，两周理论课，两周实践课，交替进行，理论与实践并重，更能迅速提升学生的技术能力。

1993 年，对我而言意义非凡，是值得永远纪念的一年。那一年，我参加了首届中国青年奥林匹克技能大赛。当时我们学校好多学生的技术水平都是很高的，但当时是要求参加选手在 21 周岁以下，有许多同学没有资格参加。我很幸运，能有资格参加这次比赛。那次比赛一共涉及 10 个工种，我们学校能参加的有车工与钳工两个工种。我与另一名同学首先顺利通过学校内部的选拔，一路过关斩将又通过了市里、省里的选拔，最终代表山东参加全国大赛。当时参加济南市大赛选拔是在威海技工学校，那里的设备与我们在学校操作的设备不同，自己用起来很不顺手，考完试后觉得不理想，非常失望，就回家过暑假去了。后来收到学校老师发的电报，电报上“速回训练”四个字深深地印在我的脑海中，心情也特别激动。经过几个月的集训后，我们去湖北十堰参加国赛，临行前当时省劳动厅的领导亲自送行，我记得他当时说过：“你们是代表山东几千万的父老乡亲去参加比赛，祝愿你们取得好成绩！”一路上专车护送，受到学校老师无微不至的照顾。印象深刻的是当时到了那里，老师们亲自把200多斤重的工具箱从车上搬下来，不让我们搬运，生怕我们出任何闪失。历经11个半小时的比赛，最终我们分别取得了第7名、第9名的好成绩。返回学校时，又受到省劳动厅领导、学校领导及学校师生的隆重欢迎，锣鼓、鲜花环绕着我们。虽然过去了这么多年，回想起来仍然历历在目。

现在我主要负责实习工厂设计与技术方面的工作，比如非标准化生产线的设计任务以及对外项目洽谈。一条生产线价值大概在3000万～5000万元，从无到有，我们负责设计、安装、后期调试等整个流程。能设计这样一条生产线，也是靠这么多年的工作积累和扎实的专业知识。

瑞士表名闻天下，往往一个家族只制造一个零件却坚持几百年，视质量为生命，厂家不用担心零件不合格，对他们的零件给予免检待遇。于峰最后总结道：“视荣誉为生命，才是工匠精神的核心。”

## 6．以“炳贤”的名字命名

——李炳贤（1992级校友）

在潍柴集团有一个生产线叫“炳贤生产线”，有一种工作法叫“炳贤工作法”。一个大型控股集团以一个人的名字命名生产线和工作方法是不多见的，这“一线一法”的主人就是我们学院1992级毕业生李炳贤。

李炳贤在炳贤生产线现场

李炳贤是“省劳技”电气工程专业高1992级四班学生，现在潍柴控股集团总装车间工作，主要负责车间设备管理及设备维护保养等工作。他有三项具体任务：一是对设备可动率、设备完好率、设备维修成本、设备检修计划等每月进行评估分析，将设备数据进行汇总并上报设备主管部门；二是对车间设备使用及设备检查、设备培训等进行评价，组织员工利用节假日对设备进行维护保养、日常维护，并督促指导检查；三是组织参与指导设备自动化项目的改造实施，实施生产线的设备现场改善等。

近几年来，潍柴集团正在推进WOS精益生产模式。在这种大环境下，李炳贤自豪地介绍说，他利用自己在母校所学的技能，对生产线进行了一系列生产方式的变革与改善，在浪费最小的基础上自行开发自动化设备，从人工操作到设备自动化，在自动化的基础上添加防错、自动识别与判断、自动控制等装置。

“以‘炳贤’命名，我骄傲，因为我是‘省劳技’的学生。从事设备管理技术工作虽然没有轰轰烈烈干出一番大的成就，但是也真真正正实现了我的个人价值，能取得今天的成绩与在母校三年的学习实践息息相关，是在学校学习踏入社会后的价值体现，也为以后的进一步提升打下了坚实的基础。”

李炳贤说，学校名气不大，却是人才辈出的地方，她能真正培养出适应社会发展、满足社会需求的高技能人才。无论教学质量还是学校硬件设施都比其他同类院校高一筹，理论和实践相结合的学习方式既能提高学生的理论知识，又能提高学生的实践技能。家长能放心地把自己的孩子送到“省劳技”。

李炳贤还说，在学校学习，学生以学校为光荣；走出校门，学校以学生为骄傲。珍惜现在的每一天，把握好现在大好的学习机会，老老实实做人，踏踏实实做事，才能在即将踏上社会的征程中立于不败之地。即使青春不再，也会青春无悔。最后，他衷心祝愿在校的学弟学妹们都有一个好的未来。也祝福母校60周年华诞积历史之厚蕴，更展宏图，再谱华章！

### 7. 五一劳动奖章，应该给我的母校

——毕耜帅（2001级校友）

2015年4月27日，济南市委、市政府在龙奥大厦召开济南市庆祝“五一”国际劳动节暨五一劳动奖状（章）工人先锋号命名表彰大会。会上隆重表彰各行各业、各条战线涌现出来的一大批爱岗敬业、锐意创新、奋力拼搏、成绩突出的先模人物和先进集体。其中，中国重汽销售部荣获济南市“五一劳动奖状”，中国重汽铸锻中心毕耜帅荣获济南市“五一劳动奖章”。当许多新闻媒体报道时，毕耜帅总说：“我就是那个获得‘五一劳动奖章’的毕耜帅，是省劳技的毕业生。”

毕耜帅介绍说，当年他毕业于章丘第一职专，2001年考入省劳技电气自动化专业学习，

毕粡帅在检查电路

毕业后一直在中国重汽集团工作。他特别怀念在母校读书的岁月，怀念那时的感受。他当时学的专业是电气自动化，可当时学校还另外开设多门选修课，比如学电气的还可以兼学机械、电商、计算机等相关课程。在实际工作中，机械类与电气类工作是紧密联系的，当时他跟随许彦彬老师学习机械铣床类工作，从基本原理到加工工艺等方面知识，都有深入的学习，最后拿到了高级铣工证，相关工种取证就是当初的“双证”了。可以说，当初的专业学习和相关工种的实践为他以后的工作奠定了坚实的基础。

职业教育的目的不单单是传授知识与技术，更重要的还应让学生学会做人。虽然当时毕业于职专，学习成绩不是太好，但老师们公平对待每一位学生，且非常有责任心，积极鼓励学生。记得辅导员尹四倍老师说“你们现在是一张白纸，进入学校后要重新规划人生”。现在回味起来，非常有感触。人生处处充满着机会，每个人都有自己的闪光点，都可以实现自己的人生价值。只要勤奋实干，都会取得一定的成绩。

“勤勉实干，勇于创新”是他的座右铭。2004 年，毕粡帅毕业进入重汽集团从事设备电气维修工作，看到不懂的就问老师傅，积极向其他人学习。通过不断学习和实践，2009 年，他通过了山东省“金蓝领”培训学习，获得维修电工技师（一级）称号。2010 年，他在集团公司维修电工技术比武中获得第一名，并被集团公司授予“技术能手”称号。同年，代表集团公司参加了济南市维修电工技术比武，斩获第二名，并获得“济南市技术能手”称号。2012 年，被聘为重汽“首席技师”，2013 年被授予第四届“山东省有突出贡献的技师”称号，并获得“中国重汽集团有限公司劳动模范”称号。2014 年，济南铸锻中心首个“职工创新工作室”成立，同年他又获得济南市第六批“首席技师”称号。2015 年，荣获济南市“五一劳动奖章”。

毕粡帅把他取得的所有成就都归功于自己的母校，并在母校成立 60 周年之际，向母校献上最诚挚的祝福！

## 8. 追赶许振超的码头工人

——白永亮（1985 级校友）

20 多年来，他一直扎根于生产一线，从事港口机械维修和设备管理等工作。2004 年取得技师资格，2005 年获得日照市“首席技师”称号，2006 年 3 月，他与许振超等 100 名工人一道被山东省人民政府授予“山东省首席技师”光荣称号，享受省政府津贴，并被纳入山东省高层次人才库。他就是我们学院 1985 级校友白永亮，学院 50 周年校庆时他曾被邀请回校做专题演讲报告。

白永亮在工作现场

白永亮从我院毕业后，来到日照港，当他看到港口那么多又高又大的装卸设备，仅一台煤炭堆取料机就价值上千万元时，便暗下决心：一定做一名合格的技术工人！

功夫不负有心人，不到一年的时间，他的技术水平就达到了别人需要三年所学的标准。毕业后的第二年，他就参加了日照港首次职工技术大赛，在 200 多名参赛选手中脱颖而出，获得了钳工专业比赛第一名。

白永亮深知“打铁还靠自身硬”的道理，他虚心向同行的师傅请教，向港机维修方面的专家请教；利用工余时间，先后系统学习了港口机械、机械制图、机械基础、液压方面的专业书籍和车、铣、刨、磨等多种设备的工艺操作技能，并能在实际工作中熟练运用，提高了自己分析问题和解决实际问题的能力。

白永亮对我们说，那几年虽然感到很累，也付出了很多，但也正是在“省劳技”积累的扎实功底和毕业后的勤学苦练，为他向技术型和管理型转变和发展奠定了坚实的基础。

1997 年，日照港煤炭卸车系统翻车机进口液压油缸连续发生故障，出现齿条断齿现象，正常的卸车作业受到影响，维修油缸需用的关键部件齿条又无备件，新购置齿条需从英国进口，周期长且价格昂贵。白永亮下决心攻克这个难关，他一面向师傅请教，一面查阅了翻车机翻车系统液压传动部分的外文图纸，看不懂就对照英汉词典，逐个单词翻译，初步了解损坏部位的基本原理和构造，并对损坏件进行了测绘，参照国内标准确定需用的加工刀具。他摸索着进行刀具刃磨改进，设计制作装夹工装。经过第一次刀具刃磨加工出来的齿条，通过试装配，在齿轮外观及啮合间隙上都存在问题，于是他又进行了刀具的第二次、第三次刃磨。经过几天的连续奋战，配件问题终于得以圆满解决，为翻车机尽快的顺利作业赢得了宝贵的时间，受到了集团公司的嘉奖。

白永亮凭着精湛的技术和全面的理论知识，在生产中的骨干作用日益显现出来。2002 年，针对港口各装卸公司皮带机滚筒热包胶寿命短、维修周期长等问题，他带领车间部分人员进行技术攻关，通过向德国、上海方面的专家学习和请教，查阅大量技术资料，制定了多种方案，加上攻关小组全体成员的刻苦钻研和实践，每天奋战 10 多个小时，经反复试制，成功改进并掌握了港口皮带机滚筒冷包胶及皮带冷粘这一世界先进技术，使滚筒包胶寿命延长了 3 至 5 倍，大大缩短了滚筒更换周期。此项技术填补了日照市在这一领域的空白。

“宝剑锋从磨砺出，梅花香自苦寒来”。白永亮说，近几年来，他先后起草编制了公司 ISO9001 质量认证文件中的多项质量控制程序文件，编制了大量的工艺、工装、模具、夹具，其中多项技术改进项目获集团公司嘉奖，《修复托辊轴工艺及工装改进》《自制 $CO_2$ 气体保护自动焊机》和《托辊筒皮下料自动定位装置》成果，被集团公司评为技术革新和技术改进成果奖。这些技术革新提高了工作效率和产品质量，降低了工人劳动强度，解决了生产中的许多疑难。

在实现由传统力量型工人向知识型工人和高技能人才的转变中，白永亮用自己的实际行动呈现了“朴实厚重、崇德尚能、团结奋进、和谐共生”的“省劳技”校风和拼搏向上的精神风貌。

## 9. 像老百姓常说的，要踏实干活

——孙东（1985 级校友）

工作 28 年，累计课时 14000 多个学时，培训 6500 余名学生，这位 2008 年度山东省首席技师通过在学校对实训教学多年的摸索，编订了更适合技校师生使用的教材。2012 年享受国务院颁发的政府特殊津贴，2013 年被授予“滨州市劳动模范”荣誉称号。他就是我们学院 1985 级校友、滨州技术学院实训中心主任孙东。

在我们见到孙东之前，就已经听滨州技术学院的领导和老师们说，他无论在教学还是工

孙东在实习教学现场

作方面都非常努力。其他老师休假的时候，他还坚守在工作岗位上，不断冲击额外的工作任务。

28年来，他从事技工学校的理论和生产实习教学工作，不仅要培养学校里的学生，还要对社会上的技能人才进行定期培训。别人在休假时，他依然在上班，几乎处于全年无休的状态。“在正常教学范围之外，还要对社会上的人进行培训，如果有公司要对企业员工培训的话，我们就只能利用节假日的时间，不能耽误学生们的上课时间。”孙东如是说。下半年的时间是最忙的，不仅仅是周末，就连暑假都要进行培训，这么多年了，他很少休过一个完整的假期。

近几年来，他为全市培养高技能人才、技师、高级技师1052人；承担市工会组织的全市职工“技能比武”；为全市机关事业单位工人技能等级培训1600多人，涉及15个工种专业、三个等级；为工会、人社局“下岗职工再就业”培训6个工种专业2160人；承担滨州学院大学生金工实训培训1210人，滨州市企业职工培训4个工种专业2130人等。

孙东现在是滨州技术学院实训中心主任，虽然从一线教学岗位走上了管理岗位，他自己却并没有感到轻松，“之前只用想着教好学生就行，现在多了一份责任，更要踏实干好工作才行”。

说起工作中的辛酸，孙东总是笑着说“其实没什么，这些是谁都会做的”。在他的工作中，接触最多的就是实训中心的车床和各种设备。2007年的夏天，学院实现了整体搬迁，要将所有的旧设备搬到新校区的实训车间内，“整整21天，记得特别清楚”。那时候，为了不耽误新学期学生正常的使用，孙东和其他十几名老师在车间里，顶着39℃的高温进行工作，设备拆卸、安装、调试，每一步都马虎不得。每天十几个小时的高强度工作，让这位蓝领教师终于体力不支，有一个星期的时间里，都是白天工作晚上挂吊瓶。

除了教学工作，孙东带领着自己的团队组建起了实训中心服务队，免费为社区居民维修家电。“当初学校各个系都组建志愿服务队，我们在组建的时候就想着应该和其他系不一样。”孙东告诉记者，实训中心里都是老师，而且都有技术，光高级技师就有好几个，所以想要根据自身的特点来组建这只队伍。“我们有设备，老师们有技术也有时间，像服装缝纫、焊接等等都没有问题。”从最初的十几人团队，到现在所有老师的参与，这个团队在孙东的带领下定期进入社区进行志愿服务，还被授予“滨州市十佳志愿者服务组织”荣誉称号。“踏实做些事情，下一步我们还想到农村去，免费帮他们维修家电等，用我们自己的技术去服务更多的人。”

“要踏实干活”，是孙东的口头禅。1983年，孙东在当时的惠民地区技工学校学习纺织机械专业，1985 年毕业，以全市第一名的成绩考入了“省劳技”。那时候，学校举办了全国第一届技工高级班，当时在全省只招收 41 名学生，他是滨州市的唯一考中者。

“在‘省劳技’的时候，学习的是机械装备维修专业，1987 年毕业就回到我的母校来工作了。那时候上学期间，设备的安装和调试都是我们自己根据图纸研究。”回到滨州技术学院工作的孙东，主要从事理论和实训的教学工作。“我们学校和那些大学不一样，我们有理论课和实际操作课，学生们上完理论课之后，再到我这边进行实际操作的培训。”在他任教期间，共有学制班学生 2800 余名，短期培训班学员近 3200 名。

工作中的突出表现也让孙东获得了不少荣誉。2004 年获得了“滨州市技能技术能手”“滨州市有突出贡献技师”称号，2006 年被评选为滨州市首席技师等。2008 年，他作为学院实训中心的负责人，带领他的团队完成了学校教学仪器的研发和技术设备的改造升级，并研发改进了 PLC 教仪，相比市面上的类似设备更适合实训教学。这一年，他被评为山东省首席技师，当时的滨州市一共只有 16 人。

“其实工作的时候，并没有想着要争什么荣誉，觉得应该做好的本职工作就尽心完成，就像老百姓常说的，要踏实干活。”

## 10. 把“省劳技精神”传到欧洲

——张文磊（2003 级校友）

毕业后他在山东良子保健公司上班，两年后偶然的机会让他走出国门，凭着在学院学习的文秘知识和太极拳叫响芬兰，他是我院第一个把公司开在欧洲的人，第一个把中国太极拳传播到芬兰的人。后来的采访，我们把他定位为海外创业成功、把“省劳技”精神传播到欧洲的杰出校友。他叫张文磊，是我们学院 2003 级涉外文秘专业的毕业生。

张文磊在芬兰

张文磊现在在芬兰开有一家保健公司，从事养生保健与太极文化传播工作。前不久，趁他回国邀请北京著名保健专家和回校看望他的恩师赵为民的机会，我们校史采访组跟他进行了面对面的交流。

采访中他对我们说，他毕业后从 2007 年到 2011 年在一家跨国公司的海外公司从事管理工作，2012 年正式辞职创办了自己的公司。现在已经三年多了，事业发展很稳定。

在海外生活和创业的过程中，也遇到过困难和挫折，但在学校磨砺的吃苦耐劳、不畏艰难的精神一直鼓舞着他，使他在创业过程中充满信心。此外，当初在学校学到的专业知识给了他极大的帮助，如服务营销学、社会心理学、形体礼仪，还有传统太极拳，都是他工作和创业中不可缺少的重要因素。

海外生活最大的困难是语言沟通和文化差异，只要克服了语言沟通问题，以及了解并适应了当地文化，以坚实的专业基础知识和吃苦耐劳的精神，都可以在当地立足。

通过多年的海外生活，张文磊感觉我们学院与很多欧洲学院有相似之处，就是注重实际操作，也就是职业技能的培养，这也是我们学院区别于其他学校的特别之处。张文磊也很感谢他的师傅赵为民老师，课余时间学习了传统文化太极拳，使他在工作中更加优于只注重文化理论课的同学。尤其在海外，中国传统文化与职业技能的结合，使他得到了外国客户的高度认可，他的客户和学员中不乏高学历者，硕士、博士、博士后、跨国企业高管等，作为“省劳技”的一名专科毕业生，内心也时常涌动着小小的自豪。

张文磊现在的家庭生活也很幸福，太太是双硕士学历，现在在一家大型跨国公司担任建筑设计师，女儿也已上幼儿园。张文磊也非常注重对孩子进行中国传统文化的教育和熏陶，不能让孩子忘记根在中国。

最后，张文磊希望学院在培养学生职业技能与传统文化的同时，多多走出去，与世界各国的其他学院多交流，更加完善学院的体系，培养出更多有技术、有素养的高技能人才。

他祝愿我们的“省劳技”越来越好！衷心希望学弟学妹们打破传统就业观，积极创造机会，走出国门，走向世界，他在欧洲等着大家。

## 二、教师风采

### 1．希望成为职教领域的“清华大学”

——袁宗杰（1985 级校友，全国模范教师，学院首届教学名师）

学校建校 60 年了，我从 1985 年入校，也算是陪伴学校走过了 30 个年头。在这 30 年中，我亲历了学校的发展和壮大，对学院的未来充满了信心。

我所在的机械工程系，就是在 30 多年前车工专业的基础上发展起来的。1985 年，我入校就是学的车工专业，当时的学校名字叫山东省劳动局技工学校。1988 年毕业后我又考入天津职业技术师范学院，大学毕业后义无反顾地回到母校，决心用自己学到的知识来反哺学校对我的培养。

30 多年的从教经历，我为母校奉献了青春，母校同时也为我提供了广阔的舞台。从 2003 年起，我就开始参加或组织技能大赛，在学校各级领导的支持下，不断取得优异的成绩。2004 年我被评为“山东省技术能手”，2005 年被授予“富民兴鲁劳动奖章”，2014 年被评为“全国模范教师”，2015 年又被评为院级教学名师。学院给了我这么多的荣誉，让我觉得自己的责任很大，压力也很大。

我们系在教学方面做了很大的尝试。现在推行的是一体化教学模式。这种模式革除了传统的理论和实践分开教学的弊端，把理论和实习融合到一起，大大提高了学生的学习兴趣。

卓越技师培养是我们学院的一大亮点。我们对进入卓越技师班学生的选拔很重视，除了参考他们的入学成绩以外，还要组织教师进行考试选拔和面试。应该说，卓越技师班的学生都是我们学生中的精英，他们在纪律上、学习态度上都要比普通班的学生好得多。

目前，我们系卓越技师班的培养模式采用的是上午理论、下午实习的方式，这无形之中给他们增加了很多课时。卓越技师班的师资配备也是最强的，我们就配备了两名山东省首席技师和一名突出贡献技师作为他们的实训老师。卓越技师班还有完整的加课计划，加上的这两周课一般是拓展课程，这样既开阔了同学们的视野，又做到了一专多能。

教研室的建设是我院在教学改革中迈出的一大步。我觉得这是对教学管理工作的一个补充和完善。现在我是机电设备维修与管理教研室主任，这项工作对我来说也是非常有挑战性的。

在“教与学”这个问题上，我非常赞赏姜大源教授所说的一句话：教是为了不教。我们现在所教的应该是一种掌握技能的方法，而不是一种技能，也就是古人所说的“授之以鱼不如授之以渔”。但是，我们要教学生“渔”，自己必须要有捕鱼的经验和捕鱼的技巧。如果自己都不会捕鱼，那么教学生捕鱼只能是纸上谈兵。有句谚语说得好：“师傅领进门，修行在个人。”在机械加工这方面，我们承认是需要一定天赋的。也就是说，可能有些学生比老师更有天赋，所以才会有“青出于蓝而胜于蓝”的结果。我们常常会说：这学生我已经教不了啦！这是一件好事，说明这个学生有天赋，以后发展要比老师还要好。所以，我们不能限制他的发展，我们只能教他一种学习的方法，让他去自由发挥，这也是“教是为了不教”的真正含义。

学院在风风雨雨走过了 60 年，我们有了 60 年的历史积淀。我相信，我们学院在未来的发展中定会大有作为，成为职教领域的“清华大学”！

## 2. 做好传帮带，为学院添砖加瓦

——宋明学（1988 级校友，山东省优秀教师，学院首届教学名师）

当年的“省劳技”，工字型的教学楼，花园式的校园，还有实习车间里机加工的机器轰鸣……当然，还有授之以渔的亲爱的老师们。校庆之际，我要向我的母校，向我的老师敬礼！

风雨坎坷，岁月如梭。我于 1988 年考入我们学院（原山东省劳动局技工学校）学习维修电工专业，1991 年毕业并考入天津职业技术师范学院，1994 年 7 月大学毕业回到母校从事实习教学工作至今，在校工作已有二十几个年头，经历了学院从技工学校发展为全国第一所高级技工学校，又从高级技工学校成长为职业院校的发展历程。我是伴随着学院的发展和学院的培养逐步成长起来的一名骨干教师。现在也成为学院的首届教学名师，去年还荣获“山东省优秀教师”的光荣称号。

我要先回忆我的老师们，因为我们的师生情谊极其深厚，十分珍贵。我们的班主任刘文平老师，那时候几乎是从早到晚陪伴、关心和照顾着我们。哪个同学生病了，只要刘老师知道了，他都会从自己家做饭带给病号吃，对待我们与对自己的孩子一样精心呵护；当我们犯错误时，刘老师会耐心教导，让我们明白做人的道理。与我们感情深笃的除班主任外，还有教我们实习课的董俊老师和黄玉海老师，是他们的辛勤付出和精心指导，使我们练就了较强的动手操作能力，才有了今天的过硬技能。从他们身上，我不仅学到了专业知识，也学到了课本以外难以学到的技能。祝福我的老师们身体安康、永远幸福！

当年，我从天津职业技术师范学院毕业时，也选择过其他工作，可心里还是特别想回到母校工作，总觉得回到母校工作才是一件无比幸福的事情，特别有一种回到家的感觉。

我在学院一直从事实习教学工作，也为学院培养了大批优秀的技能人才，有的学生已成为企业中的技术骨干、学校中的教学骨干以及公司中的业务骨干。精心指导培养的许多青年教师也已成长为学院的教学骨干。近几年来，我所指导的学生陆续获得 2004 年全国技工院校技能大赛个人第二、三名，2012、2013 年山东省职业院校技能大赛二等奖，2014 年全国职业院校技能大赛团体第一名的好成绩，我也获得了全国职业院校技能大赛优秀指导教师称号。

我们电气及自动化系在学生培养过程中，注重提高学生综合素质，促进学生全面发展，大力推进人文素质教育和创新能力培养，尤其重视技能的培养，在全国全省各项技能竞赛获得了突出成绩，培养的学生获得了维修电工全国技能竞赛第 2、3、7、9 名，全国职业院校技能竞赛机械设备装调与控制技术项目一等奖第一名的优异成绩，在山东省级技能竞赛和创新大赛中也屡次获得大奖。

祝福我的母校，也祝福我的老师。我下一步的努力方向是做好传帮带，继续为学院添砖加瓦。

### 3. 把人文素质贯穿于物流人才培养的全过程

——孙宜彬（全国十大沙盘名师，学院首届教学名师）

2008 年，我大学毕业来到“省劳技”，见证了学院这七年多来的快速发展。

作为经济管理系的青年骨干教师，我先后承担了“配送管理”“物流信息技术”“供应链管理”“统计基础”“物流与供应链管理”“采购管理”“ERP 沙盘”等多门课程的教学任务，参与了多项省部级课题，其中“五方联动、校企育人——工商管理类高端技能人才培养模式创新与实践”项目在 2014 年被评为山东省省级教学成果二等奖。我还组织带队参加了国家及省级沙盘大赛，并先后被评为全国“十大沙盘名师”、全国职业院校企业模拟经营技能大赛优秀指导教师、全省职业院校物流项目优秀指导教师、学院首届教学名师等。

作为国家十大振兴产业之一，社会上对物流人才的需求有着较高的比例。尤其是近几年电子商务的发展，“电商、物流不分家”，更是导致物流人才急缺。与其他高职院校相比，我院的物流管理专业在发展过程中，秉承“高端引领、特色立校”，以“校企联合 + 卓越技师”的培养特色，培养了一批又一批功夫过硬的优秀物流人才。

我院的物流管理专业是山东省技能型特色名校重点建设专业之一，在推进专业建设过程中，我们把企业、行业协会引入人才培养全过程。在专业的进一步深化发展过程中，我和整个物流管理专业团队，对专业方向的进一步细化，进行了深入探讨。依托物流管理专业建设指导委员会，在山东省物流与采购协会、济南市现代物流协会的帮助下，和山东九州通医药物流有限公司、山东速恒物流有限公司、山东佳怡物流有限公司、广州新易泰物流有限公司、山东圆通速递有限公司、山东宇鑫物流有限公司等合作，在医药物流、汽车物流、第三方物流、电商物流等方面，进行了人才培养的深入探索。在推进专业建设的同时，物流管理教研室也把工作过程系统化、典型工作任务提取等思想融合到课程改革建设中。

人才的培养，除了知识的学习、技能的锻炼，也少不了素质的综合提升。太极拳协会的太极文化、ERP 协会的沙盘文化、物流协会的物流文化，不仅成为经济管理系的特色，更是成为学院的诸多亮点。我所带的物流管理教研室团队，广泛利用这些社团活动和各级各类技能大赛，把人文素质培养贯穿于物流人才培养的全过程。我所指导的学生团队在国家级技能大赛中，获一等奖 3 项，二等奖 1 项，三等奖 3 项，省级一等奖 18 项。

60 年一甲子，60 年一轮回，过去的 60 年是学院脚踏实地、一步一个脚印发展的 60 年，是所有师生为之奉献的 60 年。而这不平凡的 60 年，也开启了下一个更加辉煌的 60 年。

## 4．作为全国第一所高级技工学校，我们底蕴深厚

——李士凯（学院首届十佳师德标兵）

我是 2005 年大学毕业过来的，也属于 2009 年汽车工程系建系的见证者和亲历者。

我们系秉承学院“高端引领、特色立校、内涵发展、多元办学”的 16 字办学方针，制定并完善了人才培养模式，构建融入职业资格标准、企业生产标准的课程体系。建有校内功能完善的实训场地，建立了能够满足专业顶岗实习要求和毕业生就业的校外实训基地，与润华集团股份有限公司、山东开泰集团有限公司、济南锅炉厂、山东顺骋汽贸、车之梦全国加盟连锁机构总部、山东杰士达汽车有限公司等企业建立了长期、稳定的校企合作关系。2011 年焊接技术及自动化专业成功申报中央财政支持高等职业学校提升专业服务能力项目。2012 年汽车检测与维修技术专业列为国家级高技能人才培训基地建设项目。2013 年汽车检测与维

修技术专业获批为“山东省名校工程建设项目”省级特色专业建设项目。

我们系在长清校区的理实一体化综合教学楼，配有钳工基本技能实训室、汽车仿真实训室、汽车电器实训室、汽车发动机检测诊断实训室、汽车检测网络教学实训室、汽车综合性能检测与维修训练中心等实训室和实训场地，可以满足学生理论和实习教学的需要。汽车专业的学生还多次在高职院校汽车维修与故障诊断排除竞赛中获奖。我们的焊接专业设有焊接技能实训室、焊接检验实训室、焊接生产性实训室等先进实验室，尤其是设有焊接技能大师工作室，由山东省首席技师孙桂森大师指导学生进行焊接实训，促进了焊接专业的发展。

近几年来，我在教学过程中注重学生学习能力的培养，激发学生的学习兴趣，提高学生的积极性。我经常这样提醒自己，作为一名一线教师，让学生轻松愉快地获取知识尤其重要；要对学生有爱心，有责任心，能教好学生就要有足够的学识，要积极参加各种培训和进修活动，经常充电，了解专业前沿动态，不断提高自身的业务素质，才能做到在讲课时高屋建瓴，厚积薄发。学生的学习生活有时比较枯燥，有的学生在上课时不免会开小差、注意力不集中、上课玩手机、睡觉等等。作为老师，积极引导很关键，要多与学生互动，使学生发现学习的乐趣。在上课过程中，可以充分利用多媒体网络教学，提高学生的学习效率。教师不仅仅是传授专业知识，还要在思想层面上引导学生，可以给学生穿插讲一些文学艺术方面的知识进行调节。

作为全国创办的第一所高级技工学校，我们底蕴深厚，技能卓越。

### 5．学院为我们搭建舞台，我们为学院奉献明天

——陈静（学院首届教学名师）

互联网，无所不能。我是学院信息工程与艺术设计系计算机技术教研室主任，青年骨干教师陈静。

2002 年来校任教，至今已有 13 年了。2002 年，也是我们刚刚成立计算机系（信息工程与艺术设计系的前身）的年份。当时，全系只有 12 名教师（4 名管理人员和 8 名教师），每个年级有两个班，90 多名学生。13 年过去了，光今年我们系录取的新生数量就达到了 780 多人，学生的录取成绩也有了大幅提升。这就是发展，这就是前进的步伐。

这 13 年里，我先后讲授了十几门专业课程，专业水平和教学经验提升很快，连续多次获学院的教学质量评估优秀奖，并在教学质量考核中达到 A 级。参与省级以上科研课题 6 项，发表教学相关论文 7 篇。辅导学生参加各类技能大赛，其中 3 名同学在 2010 年、2011 年工信部的全国软件大赛中获得个人国赛二等奖、三等奖。2014 年指导学生参加全国职业院校技能大赛获得国赛二等奖，省赛一等奖。2015 年全国职业院校技能大赛中 3 名学生获得移动互

联网应用软件开发国赛一等奖，我还有幸获得了全国竞赛的“优秀指导教师”称号。

要说我们系的主要特色是什么，我觉得主要是一体化教学和校企合作的双主体办学。今年，我们推行的软件技术专业和联想集团的双主体办学获得山东省教育厅批准、省物价局审核通过。校企共同培养、共同招生、共同授课、共同保证学生就业。学生在校期间的600个左右的专业核心技能课时由联想集团的高级工程师完成授课。学生的顶岗实习阶段全部进入联想集团或其子公司或其合作企业。成绩合格，联想集团为学生推荐就业岗位。

为了确保这个“联想班”的培养质量和实效，我们与联想集团先期在软件技术专业试点了“联想特训班”，得到一致好评。按照学院要求，特训班学员将在2015年9月份陆续进入知名IT企业进行顶岗实习。目前班内的苏崇元、郭冬等几名同学凭借特训班内完成的上线APP，被电子政务云计算应用技术国家工程实验室（北京办事处）等几家知名企业录用，试用期起薪就是7000元。

艺术设计专业和建筑装饰专业经历了从无到有、到特色发展的历程。随着学院教学改革的推进，建筑装饰专业开设了卓越技师班，毕业生很受企业欢迎。艺术设计专业的学生在各类赛事中屡获大奖，2014年艺术专业学生代表我省参加世界技能选拔赛，入选国家集训队，备战2015年在巴西举行的世界技能大赛。

学院60年校庆，继往开来，任重道远，机遇和挑战并存，成功和希望同在。

## 6. 师德仁厚，桃李满园

——张政梅（学院首届教学名师）

2006年7月，研究生毕业后的我来到学院工作，现任机制工艺系机械设计制造教研室主任，从事教学工作多年，主要研究方向是先进制造技术及一体化课程改革。

近十年来，学院给我印象最深的就是大家都说的“底蕴深厚、特色鲜明”，同时我还想说的是“师德仁厚、桃李满园”。这一点，我们的师资水平和历届毕业生的傲人成绩就足以说明。

2009年，我被学院推荐参与人力资源和社会保障部推行的一体化课程改革，同时承担了学院一体化试点班的教学工作。从2011年开始研究并实施我院的卓越技师一体化课程改革，提出了基于三级典型工作任务的一体化课程改革方案。卓越技师是我院在全国率先创新提出的“专科学历＋技师职业资格”的人才培养模式。三级典型工作任务课程改革依据机修钳工技师职业资格标准，把原来学科体系下专业核心知识打碎，整合成一个个的典型工作任务作为课程学习的Ⅰ级任务，学生需要掌握的理论知识完全分解并贯穿于Ⅰ级任务中。目前，我们已开发出如“小虎钳的制作”“蜗杆减速器逆向工程设计”等20个Ⅰ级工作任务。Ⅰ级任务又按照工作过程（或工艺过程）划分成Ⅱ级任务，Ⅱ级任务又按照技能点和知识点的融合层次和过程划分出Ⅲ级任务。Ⅲ级任务是一个个具体的教学活动，是引导学生学习理论知识、练习技能和完成工作任务的学习过程。三级典型工作任务课程体系完全打破了传统学科体系下课程内容的序化，以工作过程为参照系来序化知识点和技能点，实现了真正意义的理论与实践完全融合的一体化课程观。三级典型工作任务的课程在注重培养学生职业能力、专业能力、工作能力的同时，还注重培养学生的方法能力、分析解决问题能力、社交能力、创新能力以及职业道德、职业精神和职业素养，体现了综合职业能力的培养。

几年来，我先后发表教科研论文 10 余篇，并有多篇论文在各级评比中获奖，多次参与省教育厅、省科技厅教科研项目。其中，参与项目获省部级科研二等奖 1 项，省科技进步二等奖 1 项。出版专著 1 部，主编教材 5 部，参编教材 3 部。2012 年，我所指导的三名学生参加第四届全国技工院校技能大赛山东省选拔赛机修钳工的职业竞赛获得一等奖 1 名，二等奖 2 名，自己也被授予“优秀指导教师”称号。

建校 60 周年，我也感慨万千，汇成一句话——学院的明天会更好！

### 7. 作为教师，一是爱学生，二是有职业教育意识

——任东梅（学院首届十佳师德标兵，学院首届教学名师）

在我校 60 周年校庆之际，很荣幸能作为基础部教师代表接受访谈。此时，谈论学校的 60 周年，我是带着深深的感恩之情来回顾我在学校的成长历程的。

我从 23 年前的一名普通教师成长为今天的一名教授，与学校给予的最佳成长环境、工作氛围、领导关心、生活愉快是密不可分的。我工作的 23 年，是学校不断跨越腾飞的 23 年，从山东劳动局技工学校到山东第一所高级技工学校，再到山东劳动职业技术学院，学校经历了不同寻常的发展。从中等职业教育到高等职业教育，从教务处统辖管理教学到六系一部的二级教学管理机构建设，也是我们从技工教师到大学教师的跨越式发展，成为我们成长过程中难以忘怀的宝贵经历。

我现在是英语教研室主任，担任高职英语教学，也曾担任班主任 2 年，教授课程包括电工学、电子技术、高职英语等。近 5 年主持研究课题 6 项，已结题 5 项，曾获得山东省人社厅“优秀教师”、“优秀共产党员”、“学校首届师德标兵”、“学校首届教学名师”、山东省高职高专实用英语大赛“优秀指导教师”、山东省第七届中外教师外语教学三等奖、学校教学质量优秀奖等。

“高职英语”分层次教学一直是我们教学研究的重点，如何因材施教，如何处理好学生学习、教师教学、教学内容三者统一，如何处理教与学之间的协调配合，是英语教师不断挖掘教学理论和教学实践相互关系的过程。学校从学生入校即进行第一层次的分班，主要根据学生的入校类别、考试成绩、专业学习情况进行班级分层；学生军训之后，进行第二次分班，选拔卓越技师班的同学；英语教师课堂授课进行第三次分层，教学内容、教学任务和教学测

试进行多样选择，同一个班级进行不同层次的教学是我们研究的主要内容，不同的学生可以选择不同的内容、任务和测试，尽可能达到因材施教的教学目的。

作为一名教师，我认为两点最重要。一是爱学生。尤其我校的教师要爱学生、尊重学生、严格要求学生，才能慢慢激发学生学习的兴趣。爱学生，不是纵容学生，不是不管学生，而是要公平对待、严格要求。公平对待每一位学生，是可贵的，不能因为学生个人特点和爱好，教师给予差别待遇，这是非常不可取的。从具体教学环节中，教师公平对待学生，一视同仁评价，对学生影响深远。对英语学习接受能力强的学生，教师可以加大难度，对学习能力较弱的学生，教师要给予关爱和鼓励，教学过程本身就是爱学生的过程。严格要求学生能够培养学生努力学习的习惯，激发学生脚踏实地的学习态度是教学的重要任务之一。

二是要有职业教育意识。我校的发展一直贯穿于职业教育的始终，职业教育的本质和特点需要教师深刻领会和学习。年轻教师大部分是本科以上学历学位，教育理论扎实、专业能力突出，到新的岗位工作不仅要了解工作特点和任务，还要了解学校的办学性质和特点，只有这样才能较快适应高职教育的教学要求和教学任务，胜任本职工作。

祝愿我校在今后的发展中，步伐更稳健，未来更美好。

## 8. 培养更多身怀绝技的高技能人才

——赵为民（中国武术七段，陈式太极拳传人）

今天，我想从我一生钟爱的太极文化和太极传承说起。

太极拳在我院已经有 20 多年的传承历史，1991 年，在学院领导的支持下，我开始向学生们传授太极拳法，1995 年学院春季运动会开幕式组织了太极拳表演，太极拳引起师生关注，练习太极拳的老师和学生队伍逐步壮大。

太极拳运动在我院的传播主要经历了三个阶段。第一阶段以社团推广为主要形式，加深学生对太极拳的认识。2002 年学院成立武韵武术协会，以社团的形式向学生们传授武术太极拳法。每天早上二三百名学子练习太极拳的场景成为学院的一道亮丽风景线。太极拳文化由此开始在学院扎根、发芽。第二阶段以系部为阵地，以人文素养课为载体，全面普及太极文化。为提高学生综合素质，培养学生的公民道德、职业素养，结合学院技能型特色名校建设，学院还专门为新生开设了人文素质教育课程。我主要为学生讲授太极文化课程并传授中国武术段位制陈式太极拳。第三阶段把太极拳的研究提升到理论科研的高度，形成相应的理论体系，再向其他院校推广。

一个人的太极无法带动大的太极，推广太极是一项事业，不能只靠一个人的力量。在学院的支持下，在学生的努力下，我们参与了多次太极拳相关赛事，获得了优异成绩，给学院争得了荣誉。如 2013 年 5 月份组队参加国家体育总局武术管理中心举办的全国武术太极拳比赛获得三金、四银、四铜；2014 年 10 月世界传统武术锦标赛夺得一金、三银，当然还有之前的多次优异成绩。这些成绩的取得引起了媒体关注，《齐鲁晚报》《山东商报》和山东省体育局网站等媒体都曾对学院推广太极、参加太极拳比赛取得优异成绩的事件进行报道。国家体育总局武术管理中心段位办公室主任康戈武、山东省武术院（山东省武术主管部门）书记翟寿涛等武术界领导都指出，像我们山东劳动职业技术学院这样的非体育院校，能够传承传统武术文化，注重太极拳的教学，并能取得优异成绩，如此案例值得学习、值得推广。当然我个人也取得了一些荣誉，比如 2013 年被中国武术协会授予全国武术段位“百名优秀考评员”称号等，这些都离不开学院对我的大力支持与帮助。

“人一生能专心做一件事就足矣”，这句话是我的恩师李恩久先生教给我的。在我受益的同时，我也把它传授给了我的学生。在太极文化的影响下，我的学生锻炼身体，磨练意志，开拓视野，更好地学习与生活。甚至有的学生毕业后，在工作岗位上也充分发挥太极拳的特长，积极推广太极拳运动，也取得了很好的成绩。徒弟张文磊，在德国的推手比赛中获得金牌，他后来被德资企业聘去做太极拳教练，后到芬兰发展成立了芬兰太极经脉养生保健公司，芬兰《赫尔辛基报》曾对其在芬兰推广太极作了专题报道，我国驻芬兰大使马克卿也跟随张文磊学习过太极拳。徒弟毕业生董震因有太极拳特长，被莱钢集团录取，在莱钢成立武韵太极协会推广太极拳。《莱钢日报》及莱钢电视台作了详细报道，并邀请我到莱钢作太极拳主题讲座。学院学生宋亚汝写的《学练太极，青春无悔，有了太极，来省劳技不后悔》一文，至今令我感到欣慰。她曾经在山东省武术太极拳锦标赛比赛中获得太极拳套路金牌，又在洪均生太极拳交流大赛中获得过女子太极鞭杆一等奖。

除了传播太极文化，作为学院经济管理系房产物业教研室主任，我认真履行好我的教学管理职能和教学任务。教研室的工作需要全体教师的集体合作，我们教研室老师所学专业比较复杂，这对专业的发展不利，但也有一定的好处，可以充分融合多方智慧，促进专业提升。

## 9. 留校当老师是我最大的光荣

——刘天琦（全国汽车类教师职业能力一等奖获得者）

我是 2009 年入校的汽车工程系汽车电子专业学生。在校期间，因成绩突出，留校成为“省劳技”的一名光荣人民教师。

入校以来，我积极努力，严格要求自己，学习上认真刻苦勤奋，多次获得“三好学生”“优秀团员”的称号。2010 年代表班级参加汽车工程系技能比赛荣获一等奖，2011 年代表学院参加省高职院校汽车维修与故障诊断排除竞赛荣获二等奖，2012 年代表学院参加省高职院校汽车维修与故障诊断排除竞赛荣获三等奖。通过参加几次大赛，我及时发现自身理论与技术方面的不足，加强学习与实训，自身的专业技术得到很大的提升，为现在的教师工作岗位奠定了良好的基础。

2012年7月，我应聘到济南交通高级技工学校担任理实一体化教师和班主任。任职期间，中职教育理实一体的教学方法、严谨的教学模式、严格的学生管理和班主任的工作经验都让我受益颇多。通过这一年的锤炼，我掌握了丰富的教育教学方法和学生管理经验，得到了学校、学生及家长的一致认可。2013年8月参加我院统一招聘，如愿回到母校，应聘担任了汽车工程系实习教师。

由学生到教师，身份的转换，有一段角色的适应期。学生时代，自己只要努力学习就可以了，需要操心的事务比较少。而成为一名教师，却有很大不同，毕竟参加工作了，要做好本职工作，处理好工作与生活的关系，要协调好生活中的一切事情。在工作时，要想着怎样把自己知道的或是比较擅长的技术传授给自己的学生，怎样让他们更容易接受，就要运用合理恰当的教学方法。同时，实训场地安全隐患也较多，要在保证学生安全的同时，掌握更多的知识与技术。

在实训教学方面，我们汽车系当前实行的是模块化教学。基于汽车结构特点与汽车维修行业对学生专业能力的要求，以及充分考虑实训教师的专长，将实训教学分为四大专业模块，即汽车发动机模块、汽车底盘模块、汽车电器模块和汽车整车排故模块。同时，在第一学年开设两门相关工种实训，即电工基础实训和钳工基础实训，使学生具备一定的动手操作能力。教师则根据自己的专长承担一门实训模块，学生以班级为单位进行模块化学习。学生在校实训期间通过这四大模块的全面学习实训，具备了一定的操作能力与操作方法，为走上汽车维修岗位夯实了基础。

感谢母校、感谢老师，让我实现了我的“教师梦”！

## 三、出彩学子

### 1. 风，吹不走的信念

——任鲁鑫（2012届毕业生，北京人民大会堂首席音响师）

60年前，你蹒跚学步，开始了漫漫旅程。每一步都伴随泪水与欢笑，在苦涩和甜蜜的交界处徘徊。这是一个清秋，你就伴着这些寒潮、风雷，执着地前行。风，吹不走你的信念；霜，冷不了你心中的火焰。远远看不到终点的路，你充满希望与豪情，嘴角扬起自信的笑，一步又一步，朝着前方行进。这样一步又一步，走过了一个又一个春夏秋冬，实践出真知，正是因为有了岁月的陪伴，才使您有了今天的成绩。在这个特殊的日子，特殊的季节，作为身在京城、您的学子，祝母校生日快乐！

毕业3年多了，校园里的老师、同学的面孔时不时在我的脑海中浮现，因为“省劳技”

给我留下太多宝贵的东西。“省劳技”作为培养技术型人才的学校，60 年以来与时俱进，“省劳技”现在的辉煌离不开学院领导和老师们的辛勤努力，作为学生向你们致敬！

2009 年入校，冯秀芬老师作为我的辅导员陪伴我们走过这段值得留恋的大学时光。自始至终，冯老师就像姐姐一样照顾我们的日常生活学习，我们把她当作知己、当作玩伴、当作倾诉的对象，让自己在这远离家乡的学校体会亲人的温馨。

我作为班里的文艺委员，受益最大的就是每周的团课活动。组织这样的团课活动，开始时有些束手无策，在冯老师的指导下逐渐开始得心应手。通过一次次的组织活动，自己收获的不仅仅是能力的提高，更多的是欢乐。作为院学生会的一名成员，秉承为同学服务的宗旨，在院领导的支持下和学生会的带领下，我们组织开展了歌手大赛、运动会和篮球赛等各种大型活动。在这样一个团队中，成长不是突然的，而是循序渐进的，我们需要有一颗上进的心，更要有一颗感恩的心，用我们的成绩来回馈母校！

目前我工作在北京人民大会堂的技术部门，从事国家重大会议的现场调音工作，使命光荣，责任重大。记得当时我们单位到学院招聘人员，因为我在学生会文体部，平常也担任学校重大活动和广播室的调音工作，以至面试大会堂的调音师岗位有了一定的优势。学院让我学会了无论在学校还是社会上，都要积极地面对和接触新的事物，而不能逃避。作为新一代的年轻人，我们有责任、有义务去为国家进步和发展做贡献，为实现“中国梦”做贡献！

饮水思源，我们深切感激母校的培养，也密切关注着母校的建设和发展，时刻希望能有机会为母校贡献绵薄之力。在学院 60 华诞之际，祝愿我的母校积历史之厚蕴，宏图更展，再谱华章！

## 2．咱是“省劳技”毕业，杠杠的

——解鸿翔（2008 届毕业生，鲁南技师学院数控加工中心主任）

在母校的五年是我人生中最大的收获期，这样的收获也使我的人生发生了天翻地覆的变化。

记得初入校园，有过社会工作经验的我与其他学生显得那么的不同，听课认真，笔记工整，课上课下数我提的问题最多。身为学生会干部同时兼任团支部宣传委员，由于基础薄弱，第一学期期末考试就补考两门学科。不甘落后，利用周末、节假日休息时间，我对自己加强补课。在老师们的教育教导和精心培养下，第二学期我获得了学院的二等奖学金。后来，在中级教学部的每个学期中都荣获学院设立的一等奖学金。

2005 年 9 月，我如期进入了大专班数控技术专业。大一期间，身为团支部副书记又兼任学生会副主席的我，在各个方面都不敢懈怠，时时提醒自己要以身作则，做出表率。在大二期间，学院实训中心成立大赛集训队，先从班级中选拔成绩前十名者自愿报名参加大赛队员选拔，从最初的上百名报名者中，经历了残酷的遴选，我都是排名在离淘汰最近的分数线左右，在经历了层层选拔再选拔，筛选再筛选的淘汰竞赛后，才挤进学院成立的2005级专业技能大赛集训队伍当中。临近大赛，初选参赛队员时，更是学习到深夜，有好多次甚至是通宵在实训车间练习专业技能。经过竞赛选拔后，顺利进入参赛队员行列。2007年12月，我荣获中国就业培训指导中心颁发的“国家高技能人才培训工程——全国现代制造技术远程培训（数控工艺员）”培训证书；于2008年6月代表山东省去天津参加了“2008年全国第一届职业院校技能大赛高职组注塑模CAD设计与主要零件加工比赛”，荣获全国三等奖的优异成绩；于2008年10月参加了“第三届全国数控大赛——山东选拔赛”数控加工中心专业技能大赛，荣获全省第四名。

我现在任职于鲁南技师学院机械工程系数控加工中心，并担任中心主任一职。工作中先后被评为“优秀实习指导教师”“优秀教师”“优秀班主任”“高级技师”“一体化教学名师”“数控技术应用专业学科带头人”“临沂市首席技师”“临沂市劳动模范”和临沂市“十佳”最美代言人等称号。

现在让我回想最让我感到自豪的就是“省劳技”的身份。每当在同行业中提到“省劳技毕业的”这句话时，总会得到周围众多的赞美之声。母校的美誉不言而喻，在省内的知名度也是众所周知。说到我们学院的特色，那就是造就出了一批又一批的能工巧匠和劳动典型。我们的学生善于攻关、敢于创新、动手能力超强，这也是所有同行对“省劳技”莘莘学子的一致评价。

毫无疑问，学院的声誉“杠杠的”。

## 3. 卓越技师让我更加卓越

——丁来源（2014届毕业生，学院实习工厂技术员）

我是2011级机制工艺系卓越技师班学生丁来源，怀着对机械的梦想，高中毕业后选择了“省劳技”。现如今毕业已一年，在学院的实习工厂技术科从事机械设计工作，主要从事双拉机和涂布机的设计。

三年的“省劳技”学习生活，我在各方面都得到了非常好的锻炼和提升。从高中毕业时什么都不懂的毛头小子转变为能独立生活，能为社会做出贡献的人。入学之初，我参加了卓越技师班的选拔，有幸被选入卓越技师班。在这个班级当中，学习气氛非常浓厚，同学之间非常和睦，老师教导我们也非常的认真负责。在辅导员老师付长景的带领下，我们不断取得佳绩。王保忠老师教我实习课，老师上课非常认真，遇到我们不懂的问题不厌其烦的给我们解释和演示。米刚老师是我遇到过的最认真和最有耐心的老师，米老师教我们机械制图，可以说是一笔一划让我从一个“制图文盲”提升到读图如常的境界。再有教我制图软件知识和我亦师亦友的王兴涛老师，带我比赛的周洪健、胡德文老师，是他们对我的谆谆教诲让我实现了人生中的重要转变，感谢恩师，感谢母校的培养。

三年中，我参加了学院组织的各类技能大赛，从省赛到国赛，从失败到成功，一路跋涉。记得是大一下学期参加了“全省钳工技能”比赛获得第二名，到大二上学期“全国机械创新设计”比赛，再到大三“机械设备装调与控制技术比赛”获得全国一等奖。比赛前都参与充分培训，第一次参加比赛培训了五个月的时间，第二次三个月，第三次三个月，在这十一个月的培训学习中，我各个方面的能力有非常大的提高，不单单是专业方面的跨越提升，还有为人处世方面的提高。刚入大学时，我比较腼腆，性格相对内向，给人以“书呆子”的感觉，人际交流能力较差，缺乏自信，语言表达能力弱。都说失败最能催人奋进，在参加“机械创新设计”比赛中，我深刻领悟到了错误往往都是从最微小的地方开始，等到发现已经来不及挽救的铁律。技术类工作需要高度重视细节，大赛更是高手云集，所以容不得半点疏忽。生活需要及时总结，我在总结以往大赛经验教训的基础上，2014 年才得以再创佳绩。

以前不了解技工院校，不了解机械这个专业，到现在我才发现学习这个专业最重要的是理论和实践相结合，以前上实习课总有些同学逃课，有些人认为实习课又苦又累，没什么帮助。一个好的技工院校应该重视实习、重视学生的动手能力。我在大三上学期就跟随实习工厂的安装队伍去天津工地装配生产线，干了两个多月的时间，后来又回来参加“全国机械设备装调与控制技术”比赛，通过前一段时间的工作学习，对老师教我们的知识非常容易理解，感觉他所教的很多都是我在工作中遇到过的东西，通过老师的系统讲解才恍然大悟。我觉得这才是学习的魅力所在，能真正学以致用。

“省劳技”是一所底蕴深厚的学校，60 年的风雨可以作证，我们这些毕业生更可以作证。

## 4．沙盘大赛改变我的人生

——赵玉凤（2011 届毕业生，用友集团新道科技股份有限公司烟台地区经理）

对我的人生改变最大的是代表学院参加了“用友新道杯”沙盘模拟经营大赛并取得了一等奖。

我是学院经济管理系 2008 级电子商务专业的毕业生，目前就职于用友集团旗下企业新道科技股份有限公司，担任烟台地区经理。我们公司主要是为本科院校、职业院校经管类专业提供实践教学解决方案，以泛经管人才培养为目标，与院校共同构建并提升实践育人能力以服务国家的教育事业。

在校期间，因为自己出身于农村，刚入校的时候总感觉自己见识比别人短，也不如大城市同学能说会道。学生会第一次面试时就没有被录取，备受打击。在班里也不担任任何职位，所以只能好好学习。通过自己的刻苦努力，大学期间获得了国家奖学金和学院一等奖学金，并且在后期担任了系部的学生会主席一职。

在大一下学期，系里领导老师给了我们一个公平的比赛机会，让我们自愿报名学习沙盘模拟经营，成绩好的同学可以代表学院参加省及全国的大赛。我觉得这是一个挺好的机会，大学三年不能就这样平平淡淡度过，就报名参加了培训。因为是第一次组织学生代表系里参加比赛，系领导格外重视。孙宜彬老师也牺牲周末、节假日时间陪着我们一起学习、一起训练。自己心里更是憋着一股劲，即使再辛苦也一定要坚持，认真学习模拟，好好训练操作。最终如愿作为团队一员参加了省赛，并与队友团结协作，取得了“用友新道杯”沙盘模拟经营大赛一等奖。

“用友新道杯”沙盘模拟经营大赛综合了我所学的基础课程，培养了我的团队意识，提高了我的分析判断能力，同样也锻炼了我的心理承受能力。也是因为有了这样的大赛经历，凭借自己的专业水平与能力，让我在毕业以后顺利面试成功，被用友集团人力资源部选中，而且经过自己的努力，又获得了这样重要的工作岗位。在这里，我要特别感谢学校的领导和老师，如果没有你们提供给我的技能竞赛机会，我们就可能得不到锻炼，得不到成长。

我们学校注重校企合作，注重学生技能的培养，给学生提供各种学习竞赛的环境和机会，让学生有机会走出校门，与全国各地高校的学生同场竞技，开拓视野，提升自己的专业水平。我们学校的毕业生在专业技能上高于同类院校，同样在我们公司参加实习工作的实习生中，虽然是专科生，但是我们“省劳技”的学生专业技能水平高、踏实肯干、工作积极主动，深受集团公司领导的喜爱和欢迎。

非常感谢我的母校——“省劳技”，感谢母校教过我的每一位老师，没有你们的培养，就没有今天的我。

## 5. “热情”是我对学院最大的印象

——嵇鹏（机械工程系 2012 级卓越技师班在校学生）

我叫嵇鹏，来自机械工程系模具卓越技师班，在班里担任班长一职。我爱好音乐，喜欢运动，喜欢交朋友。在学校的两年里获得了“国家励志奖学金”“学院一等奖学金”，连续三次被评为“三好学生”，获得“山东省高等专科院校优秀学生”荣誉称号。

刚刚入学的时候，“热情”是我对学院最大的印象，热情的济南、热情的学校、热情的人。随后经过了一系列选拔，成功进入机械工程系卓越技师班。从 2012 年开始，学院开设卓越技师班，并且发展越来越好。经过第一年的努力，2013 年在我系成功开展了模具设计与制造专业的卓越技师班，我也有幸成为其中一员。

学院第一次成立模具专业的卓越技师班，无论是在教学方面，还是在日常生活方面，系领导都给予我们很多帮助，满足我们的求学需求。优秀的师资力量，雄厚的办学底蕴，让我们感觉这不仅仅是一个卓越技师班，更是机械工程系的一面旗帜。所以我们更加努力地学习技能知识，不断提升自身素质，努力成为高技能人才。

在实训方面，曾获“山东省技术能手”“山东省劳动模范”“山东省突出贡献技师”等诸多荣誉的邓爱国老师亲自指导我们。邓老师曾多次带学生参加国家级或省级技能大赛，拥有丰富的大赛经验，实训指导能力很强。邓老师在实训指导方面一直严格要求我们精益求精，在生活上对我们和蔼可亲、关怀备至。邓老师是我的恩师，对他的感念无以言表。

我读书之所以选择模具行业，是因为模具是近几年来的新兴行业，在就业方面有着很大的优势和十分广阔的市场前景。尤其是 3D 打印技术，我想在这里着重说一下。3D 打印技术，即快速成形技术的一种，是以一种数字模型文件为基础，运用粉末状金属或塑料、树脂等可粘合材料，通过逐层打印的方式来构造物体的技术。现阶段，3D 打印机被用来制造产品。3D 打印机的原理是把数据和原料放进 3D 打印机中，机器会按照程序把产品一层层造出来。有些 3D 打印机使用“喷墨”的方式，使用打印机喷头将一层极薄的液态塑料物质喷涂在铸模托盘上，此涂层后被置于紫外线下进行处理。之后铸模托盘下降极小的距离，以供下一层堆叠上来。

3D 打印机颠覆了传统生产思路，使得我们生产部件的时候不再考虑生产工艺问题，任何复杂形状的设计均可通过 3D 打印机来实现。使用“面扫描仪”分析点云，我们轻易就能将零件在电脑上分析、造型。利用这一优势，我们班使用其逆向工程，将自己心中所想的产品设计出来，使用数控机床进行加工与制造。我们会不断努力，学习先进技术，努力成为优秀的高技能人才。

60 年风雨兼程，13 次易名，但不变的是“省劳技”对于高技能人才培养的热情。50 年代、60 年代……那时候有他们一批人，现在有我们一群人，责任、未来……

## 6．被省劳技录取，圆了我的大学梦

——赵涛（机制工艺系 2014 级在校学生）

我是机制工艺系 2014 级机械设计与制造一班的赵涛，性格内向，比较喜欢安静，有时候也会和同学们一起去打打篮球。

在班里，我比其他同学要年长几岁，因为我是工作三年后才来到学院就读的。之前在滨州一所技校读书，毕业那年也能直接考咱学校，但是因为家庭原因放弃了机会，选择直接打工赚钱。为方便照顾家人，我进入离家不远的滨州市邹平县魏桥创业集团下属的电厂工作，在这三年的工作时间里我经历了很多事情，让我充分认识到了文化和技能的重要性。由于学历较低，知识储备不足，我只能从事一些较低层次的工作，相对来说，工作较累。同时，工作中经常会碰到一些技术难题，这更激起我再次回到学校读书的渴望。

工作之余，我充分利用宝贵的时间，复习文化课，终于在去年通过学院的招生考试，被咱学校录取，圆了自己的大学梦。

刚来咱学校的时候，我的心情很激动，毕竟踏入大学的校门，这在以前是我想都不敢想的。入学后，由于自己文化课基础比较薄弱，所以刚开始学习大学的文化课时有点吃力，不像其他大多数同学能很快掌握。为了克服难题，我利用课余时间每天多学几个小时，遇到不会的就向老师和同学请教。经过几个月的努力，我不仅跟上了其他同学学习的节奏，而且在期末考试的时候取得了机制工艺系第一名的好成绩，获得学院一等奖学金和三好学生称号，这让我备受鼓舞，也逐渐找回了自信。

我不仅学习上进步了，在做人做事方面自己也有所成长。由于家庭及性格原因，我过去有点自卑，缺乏自信，许多事情自己不敢去尝试。来到学院后，系领导与老师对我的帮助很大，他们非常信任我，让我勇于担当。我现在一直参与班级管理和学生会的一些工作。

再让我感触比较深的就是我们学校的老师都非常负责，我们实训老师手把手教我们技能，自己手上都磨出水泡了，就这一点，在厂里跟随师傅学习是绝对不曾有过的。众所周知，自古以来师傅带徒弟都会留一手，但我们实训场地的老师都是尽心尽力，倾囊相授。或许在厂里一直上班，几十年后我也不会成为一名经验丰富、能力出众的老师傅，但我们的实习老师会教导我们一些重要的工作细节，这让我们少走很多弯路，最终成为老师傅。

在这一年的时间里，多少有些遗憾的是我没有能成为我们系卓越技师班的一名学生。我们系卓越技师班采用实践、文化相结合的立体化教学模式，更有利于学生的学习。虽然不是卓越技师班的学生，但我也会更加努力，学到更多的技术。

我最后想说的是，祝我的老师们身体健康、工作顺利！

## 7. “3+2”培养，让我信心倍增

——范新文（电气及自动化系 2014 级本科班在校学生）

我是 2014 级电气及自动化系电气本科班的范新文，在班里担任团支书，同时还是系纪检部的成员，曾获“山东省三好学生”“山东省大学生数学竞赛一等奖”“学院三好学生”“学院一等奖学金”“学院英语竞赛一等奖”“学院冬季越野赛女子组第三名”等荣誉，我非常喜欢音乐和舞蹈，当然，对我所学的电气及自动化技术也特别感兴趣。

我毕业于临沂三中，以理科 476 分的成绩进入我们学院的第一个本科班。高考前，我预测的高考成绩在 600 分左右，面对巨大的差距，一开始真不知道怎么接受，看着曾经都不在自己考虑范围的学校，自己却连投档的资格都没有。那段时间我就像在经历一场恶梦。

然而这个梦，做的太久了，以至于我不得不相信这就是现实。高考后，我很明确我不会复读，因为我想早点接触电气及自动化技术这个专业。之所以要学习这个专业，首先是因为我发自内心想掌握这方面的技能，它也是实现中国制造 2025 这个伟大目标的重要技术力量，我希望我能在做我想做的事情的同时回报社会。

报考学校是当时的最大难题，报本科没有资格，报专科不甘心，怎么办呢？俗话说，危

机就是转机，很幸运我在报考志愿书上找到了“3+2”培养的院校，首先感觉很新奇，结合自身当时情况，再三衡量下选择了招生方面最适合我的山东劳动职业技术学院。我拿着通知书，盯着“本科”两字看了好久，不过仍然没有流泪。

我很感谢我的父母在我高考后改变之前的严厉态度，没有批评我，而是让我自己反省，并且和亲戚朋友一起商量我报考学校的事情。我知道我的成绩有多么糟糕，但我不知道他们是哪里来的动力，去为我这个高考失败的孩子忙里忙外。也是从那以后，我知道了，我对父母的爱要直接表达出来，没有什么好扭捏的，我想让他们在更多的时间是在享受爱而不是在揣摩我对他们的爱。

现在所学的基础课和专业课我都特别感兴趣，并且学院最大的好处是给我们最好的学习环境，同学们也是干劲十足。平时同学们积极上早、晚自习，周六周日很多同学会一起去图书馆看书，在教室里讨论学习上、生活中等诸方面的问题或者一起到校外活动。学习累了，男生们打篮球，女生们打羽毛球，男女生互相鼓劲，特别融洽。这不是说大家的集体意识有多么强，而是大家的思维方式都很相似，这才是最好的状态。

来学校一年了，回家几次，我在父母面前可以做到真正的无拘无束，畅所欲言。爸妈在别人面前说感觉我和以前不一样了，特别是这一年中家里发生了一些大事，爸妈说我做事像大人了，因此对我很放心。高中同学中很多同学觉得我这一年收获非常多，特别是复读的同学。所有这些，我都要感谢我的辅导员老师，他很信任我。也是这种人与人之间的相互信任，在这个陌生的地方，让我收获了一份安心。

作为一名劳技人，我很真切地感受到“省劳技”是一个很包容的大家庭。在这里，我们学习生活不随便，却很随意，我们班的同学除了参加“省劳技”的活动，也会去济南大学参加体验。同时，感受两所高校的校园文化，这真的是一种只有亲身经历过才能体会到的独特感受。我们在实训设施精良的“省劳技”学三年，然后在自动化专业为一本专业的济南大学深造两年。我很感谢老师们给我们这么好的机会，很感谢“省劳技”在我最迷茫的那段时间收留了我。我们要在“省劳技”学真本事，努力成为像“3+2”培养目标那样集技能与理论为一身的复合型人才。

我们“省劳技”建校一甲子，很荣幸有这个机会分享我在“省劳技”这一年的感受。

### 8. 我是第一批“联想班”的一员

——郭冬冬（信息工程与艺术设计系 2013 级在校学生）

我性格比较活泼，喜欢唱歌，喜欢轮滑，还担任班长和系学生会主席的职务。我就是信息工程与艺术设计系 D13 应用二班的郭冬冬。

虽然平时学生会工作比较多，但是学生还是主要以学习为主。在学校的两年里，我连续三次荣获“三好学生”荣誉称号，获得“学院一等奖学金”“省政府奖学金”，还被评为“山东省优秀学生干部”。

刚入学时，我拖着行李在校门口望着。哇，这就是我的学校，难以抑制心中的激动。我感觉学校挺大的，学哥学姐们都很热情，给我带路，提行李，帮我报上名，送我到宿舍，真的很感动。

慢慢地一切都步入轨道，接触到了很多老师。我发现这里的老师特别好，让我感触最深的老师是我的辅导员冯冲老师，她带给了我很多不一样的东西。她给我们上职业素养这门课程，带我们做活动，从活动中领会一些道理。同时，这门课对于即将步入社会的我们来说，是非常重要的，能够提升我们的道德素养，培养积极心态，制定目标以及能够从容去面对一些问题。在学生工作中，有什么不懂的问题，困惑的问题，还有受了什么委屈，冯冲老师都能帮我及时解决。生活中，她亦带给我很多关怀和温暖。有一次我感冒挺严重，冯冲老师知道我没吃药后起身就要去给我买，那时我激动得热泪盈眶。

来学校两年了，我发现我越来越爱这个学院，越来越爱我们的信艺系。我们信息工程与艺术设计系成立于2002年，13年来，全系教职工本着“团结、创新、和谐、快乐”的工作理念，爱岗敬业，勤于钻研，勇于开拓，创新发展，实现了大踏步、跨越式的发展目标，并已逐步发展为一个规模较大、专业较强、特色鲜明的系部，同时也成为全院并跨两个专业群和目前专业最多的系部。计算机与艺术相结合，紧随时代潮流，老师们爱岗敬业，同学们朝气蓬勃，这就是我们系最大的特色。如果你来我们系，你将会看到我们信艺系的宣传标语“微笑的信艺，欢迎你”“亲，今天您微笑了么”等。

我们信息工程与艺术设计系今年最大的喜讯就是由我系2013级宗韶华、李登远、冯石磊三名同学组成的代表队参加2015年全国职业院校技能大赛高职组“联想杯”移动互联网软件开发赛项总决赛荣获了大赛一等奖，为学院和山东省争得了荣誉。能够取得那么好的成绩，不单是靠学生们的努力，还离不开陈静老师和王绪峰老师的辛勤培养，同时更重要的是离不开我们“联想班”技术的大力支持。

说到“联想班”，我们系今年最大的闪光点就是校企合作。很荣幸我参与了第一批“联想班”短期集训营，从中深有体会。最早到的是我们，最晚走的也是我们，中午吃饭有时也在教室吃，有时候感觉累了，不想学了，但抬头看看周围的同学都在努力学习。是啊，比你学得棒的同学都在努力，自己有什么理由不努力呢。“联想班”的讲师和联想认证的企业工程师为我们授课，确保了我们所学的就是企业所需要的，拉近了课堂与企业的距离，缩短了学习与就业的差距。老师们讲课都比较细致，学生容易听懂，“联想班”有着雄厚的技术实力，为一线企业提供最好的学生，同时也给学生提供市场岗位。身为过来人，我想对即将报考专业的学弟学妹们说：如果你们对未来比较迷茫，不知道选择什么专业或者不知道什么专业就业前景好，那就别再犹豫徘徊了，山东劳动职业技术学院欢迎你，热情的信艺系欢迎你！

## 9．我以劳技为荣，劳技以我为豪

——张训彪（经济管理系2013级卓越技师班在校学生）

今年是学院60周年校庆，我有很多话想对学校说。我是经济管理系2013级电子商务卓越技师班的张训彪，在班里任团支书，在系里担任学生会卫生部部长。

听老师们说，我们系第一大文化特色就是太极拳。太极拳是国家非物质文化遗产，是以中国传统儒、道哲学中的太极、阴阳辩证理念为核心思想，集颐养性情、强身健体、技击对抗等多种功能为一体。在我系赵为民老师的带领下，全系学生积极参与到太极拳的学习中来。赵老师对太极拳付出很多，在太极拳方面有着很高的造诣，是全国高校武术段位制指导员。赵老师的弟子很多，不仅包括我们系的学生，还有其他系的学生，甚至还有其他学校的学生慕名而来。学院及我们经管系对太极拳的学习活动都给予充分的支持，因为这项运动不仅对我们学生产生有益的影响，对学院良好形象的创建、对中国传统文化的传承都有很大影响。

练好太极拳不是一蹴而就的。我从大一入学到现在还一直在打太极拳，这已经成为经济管理系的一道亮丽的风景线，属于我们系的骄傲。今年学院运动会开幕式上，我系组织了300人的太极表演，这充分说明学院对传统文化、对太极拳文化的高度认可。太极拳含蓄内敛、连绵不断、以柔克刚、急缓相间、行云流水的拳术风格，对同学们的身心影响很大，有助于修身养性，锻炼身体，养成认真踏实的态度和作风，这是一种卓越的人生态度，理应长远坚持下去。我们非常感谢赵老师，无论是在学习方面，还是为人处世方面，以及将来的发展，对我们都将产生深远的影响。

除了太极拳的文化特色，我们系在学生就业发展方面同样颇具特色。为更加深入地推进校企合作，为大学生就业创业提供真实的工作环境，去年，我系与阿里巴巴集团签订协议，阿里巴巴大学生就业创业孵化基地正式落户我们经济管理系。基地根据企业实际工作要求对学生进行订单培养和培训，实现学生与就业岗位的零距离对接，为学生创造高质量的就业岗位提供条件，对大学生毕业就业提供了很大的帮助。例如其中有一个课程是茶道，对于今后就业应聘有非常大的好处，茶道讲究安静、平和，有助于学生形成从容淡定的处世能力，对以后人生发展非常有好处。

无悔的执着谱写出了一页页光辉，瘦弱的肩膀坚实地挑起了教育的大梁，自强不息的精神激励着一代又一代的劳技学生前进，而我们则想用我们的心声来表达对学院最真挚的爱意——“今天我们以劳技为荣，明天劳技以我们为豪”。

## 10. 要把每次越过龙门的记录刷新

——曹利民（汽车工程系 2013 级在校学生）

我把每次技能大赛，都当作自己人生的龙门来跳。

我是汽车工程系汽车检测与维修专业 2013 级卓越技师二班的曹利民，我在班内担任组织委员。我平时喜欢打乒乓球，有时候看一些课外书，动手能力比较强，对于一些有故障的东西喜欢动手看看哪里坏了，自己修一下。我曾获得国家奖学金、学院一等奖学金、学院三好学生、山东省高等院校优秀学生，参加山东省技能大赛（专科组）获得三等奖，参加“英创天元杯”校际邀请赛汽车检测与维修项目获得一等奖，参加山东省数学竞赛（专科组）获得二等奖，还获得汽车工程系工程制图大赛一等奖。

自从来到学校后，除了上课外，接触最多的就是技能大赛了。由于对技能大赛的接触比较多，所以对技能大赛有更加深刻的了解和认识。去年我刚开学两周后就开始参加技能大赛的培训，培训了两个多月，最后从我这一届中选择了我和上一级的两个师哥组成一个三人组的团队去参加比赛。技能大赛的项目主要包括三个：01M 自动变速器的拆装和检测、发动机的故障诊断与排除和电器实验台的故障诊断与排除，电器实验台的故障诊断与排除又包括舒适系统的故障诊断与排除和灯光系统的故障诊断与排除。在整个大赛中，令我感受最深、收获最多的是大赛的培训过程。在培训过程中，我从中收获了很多，学到了很多，认识了许多的朋友，而且在培训过程中，能把课堂上所学的抽象知识运用到实际中去，并且对这些抽象知识有了更加直观的了解，对其工作的过程了解得更加清晰，更加明确。培训过程中，当我遇到不懂的问题时，老师和师哥们都会主动为我讲解，他们都很认真负责，讲解认真仔细，老师们对我们也关爱有加，非常照顾我们。在临近比赛前期，由于训练比较紧张，老师怕我们营养跟不上，专门为我们买了好吃的食物和牛奶，给我们补充营养。在训练过程中，由于训练时间比较长，有时候会感觉很累，但是我也坚持下来，继续努力，争取做到更好。此次参加比赛，我们组获得了三等奖，结果不是很理想，但我们有更大的信心，在未来取得更加优异的成绩，为年轻的汽车工程系增光添彩。

由于我是卓越技师班的，今年暑假需要加课，所以老师给我布置了一个任务，就是为喜欢大赛项目的同学讲解一下大赛的项目，大赛的流程以及操作方法，讲解一些操作过程及操作步骤。这对于我来说是一个非常大的挑战。我个性比较内向，不擅长交流沟通，通过参加大赛的培训，加强与老师和同学们交流，增强了我的交际能力。在培训的这段时间里，老师和师哥们都给了我很大的鼓励，让我更加有勇气去面对任何事物。通过大赛的培训，让我对汽车检测与维修这个专业有了更加深刻的了解和认识。目前汽车的数量越来越多，故障车的数量也越来越多，现在除了汽车保养、机修外，越来越多向汽车电路方向发展，汽车电路上的故障越来越多，而且汽车电路故障发生的频率也越来越高，而汽车电路又比较复杂。对于电路方面的故障排除，要先通过解码器、诊断仪读取故障码，然后再根据故障码的含义到相应位置去找故障。对于电路的故障排除，必须要有明确清晰的思路，思路不正确将导致检查很多地方都找不到故障的真正部位，所以技能大赛的项目中，除了01M自动变速器是机械拆装测量外，其他两个项目——发动机的故障诊断与排除和电器实验台的故障诊断与排除都是对于电路方面的故障排除，这就需要我们熟读电路图，有很清晰的故障排除思路，进行独立思考。对汽车元器件的工作原理和影响因素都要一清二楚，哪个元器件损坏之后会有什么样的故障发生都要弄明白，只有这样才能准确找到故障所在的位置从而一举排除故障。

学校很重视一体化教学，课堂联系实际，这样能使学生对所学事物的了解更加透彻，更加深刻，真正认识元器件的形状和工作过程，更加明确体会到元器件的工作原理，使我们有更深的印象，等到用的时候手到擒来，确实是很有效的教学模式。

我对自己说：“要把每次越过龙门的记录刷新！”

## 四、往事回忆

### 1. 实习工厂对实习教学发挥着重要作用

——苏永勤（1965届毕业生，原学院党委委员、教务处处长）

我是1962年来到学校读书的，见证了学校的发展。现在虽已退休，但对学校仍有着深厚的感情。

60年的发展，学校从小到大，培养的学生有十几万人，遍布在全省全国各地，许多优秀的学生已经成为企业的骨干人员，培养的学生受到社会的认可，可以说为山东的经济发展做出了巨大的贡献。总体来说，这与学校的办学宗旨密不可分。学校旨在培养动手能力强、踏实肯干的一线工人，学生将来能否成为管理人员、技能人员，还要看以后的发展。

我校实习工厂是根据苏联模式建立的，建立初期技术设备比较落后，主要生产一些比较简单的工具。从1962年才开始生产机床产品。M612K机床是从上海机床厂引进的，当时我参与了第一台产品的试制，整个生产过程使我们的生产技术提高了很多。没有产品就没有工厂的生存价值，只有找到合适的产品才能更好发展。那时的培养模式是“二元”模式，即理论教学与实习教学双管齐下，学生学到理论知识后直接在实习工厂实习，参与到真实的生产环境中，更快地提升技术。我校实习工厂对实习教学发挥了非常重要的作用。

1969年学校改为济南第六机床厂，学校理论教学方面受“文化大革命”冲击，遭到很大破坏。但那段时间，工厂得到很大发展，大量引进设备，生产能力大幅提升，产品种类扩大为十几种。同时，理论教师去工厂学习实践技能，技术水平得以提升，为以后的实训教学奠定了坚实的基础。

我在教务处干了10年，深知教学工作对一所学校的发展起着至关重要的作用。那段时间，在课程设置方面，以专业课为主，基础课设置的比重较小。学校处在高级技校阶段时，在校学生规模不大，一般在800至1000人左右。2000年，校领导为了学校的更大发展，将学校改为山东技术学院，同时抓住国家大力发展职业教育的机遇，将学校发展的层次提升至高职院校，这是学校发展的重大跨越，以后招生规模不断扩大，专业种类增加。但招生规模扩大带来的相应问题就是学生实习资源的短缺，为此学校建立了实训中心，与理论教学、实习工厂一并成为学校的“三元培养模式”，可以更好地满足教学的需要。

学校发展到现在，经历了60年的风风雨雨，取得了很大的进步。但我也衷心希望学校继续坚持现有的办学方向，培养更多的具有一流动手能力的优秀学生。教师要充分利用多种教学方法，活跃课堂气氛，让学生热爱学习，提高教学效果。同时要严格管理学生，坚持考试入学，严把招生大关，加强责任心，管理好课堂秩序。

借学校60年校庆之际，祝愿学校越来越好，越来越强。

## 2. 我是第一届毕业生，真正的元老级学生

——王树范（学院首届毕业生，原教务处副处长）

今天接受采访，我非常激动。我是学校的第一届毕业生，真正的元老级学生。1956年8月进校，1958年8月毕业，1999年退休，在学校经历的点点滴滴就像昨天发生一样，历历在目。

在校工作42年中，前30年，我主要负责实习工厂的技术管理、设备管理工作，为以后12年的实习、实训、理论教学管理奠定了扎实的基础。记得我们第一届学生是328人，有150人留校，其余的人都去了大同机车工厂，这是上级机关制定的合同培训，必须要去，是为了祖国的社会主义建设。当时，我是学院培养的唯一的一名工程技术人员，毕业分配就到了实习工厂技术科，负责产品的设计研发，而后管理工厂的设备制造和维修，大部分实习教学设备都是出自我的手；还改造了很多设备，如把6米龙门刨改造成12米龙门刨；在教学车间为了配合实习教学，研制了35台C620−1车床，装备了两个实习场地，按照当时的苏联模式和劳动部“一人一机、一人一工位”的要求，我们自己研制设备，创造价值保证生产，想起来真的是非常自豪和骄傲。

我见证了我们学院历届领导的沿革更替。学院发展快，由技工院校发展成了高职，现在又是山东省示范性名校。通过学校培养技工的途径，改变了师徒制的局限性，几个老师就可以带领25人以上的班级实习教学。学院经历十几次的易名，为山东省技工教育和职业教育的发展做出了不可磨灭的贡献，“省劳技”这面旗帜在齐鲁大地会一直飘扬下去。

1990年，学校接受全国首届青年奥林匹克技能竞赛考验，我们选拔了车工和钳工各6

名学生参加竞赛，在济南赛区进入前4名的都是我们的学生，省选拔赛前2名还是我们的学生，最后有3名学生代表山东省去了湖北十堰参加全国决赛。全国机械行业50万名选手参加选拔，最后每个工种各自选拔了50名选手参加选拔，主要是在职青年工人，我们的选手是全国唯一的技校生，真的太激动了。决赛非常严格，我们获得了车工第7名和第9名、钳工第12名的好成绩。最后这3位同学全部留校工作，为学校的发展做出了很大的贡献。我们载誉归来的时候，省劳动厅的领导、学院全体领导和全校师生在校门口夹道欢迎，场面宏大，令我一生难忘。我这一辈子做了很多事情，组织上也给予我很多的荣誉，如“全国优秀教育工作者”“山东省劳动模范”“山东省优秀教师”“优秀共产党员”等。

当前，我们学院以崔秋立书记为首，带领党委成员和师生员工开始了新的征程，确定办学方向，开展轰轰烈烈的名校工程建设，在全国独创了卓越技师班，开创了校企合作的新路子，建设长清新校区，购置了上千万元的设备，满足了教学需求。愿我们学院在新的十年中更上一层楼，创造新的辉煌。

## 3．刘校长打饭与张书记两筐苹果的故事

——马齐光（原学院党委办公室主任）

咱们学校建校于上个世纪的50年代，当时省劳动厅把学校称为山东省劳动技校总校，下设9个地区分校。当时的党风建设非常好，老师们一心一意干事业、谋发展，学校的领导干部也从来不搞特殊化。我主要列举两个真实的故事给大家说一说。

第一件事情是刘校长打饭。当时的刘子陵校长做事很公平。有一天中午去教工食堂打饭，食堂的师傅看着是校长来了，盛饭的时候就多给刘校长盛了一勺子米饭，也就是说比每个职工定量多了一勺子饭。当时，刘校长把饭碗一放，指着碗里的饭对师傅说，既然给我打这些，那么以后教职员工都按照这样的标准来打饭。这个事情搁在现在来说可能不是什么事情，但在当时的困难时期却引起了不小的轰动。从这件事情也可以看出当时的领导班子和领导是如何的廉洁清正、以身作则。

再给大家说说另外一个故事。记得是有一次过节，我们下属的威海技校分校的领导来总校学习培训，顺便给总校的领导带了两筐当地的苹果。大家知道，烟台威海是盛产苹果的地方（算是特产），带些家乡的特产送给上级领导真算不了什么事。可我们张大武书记当即决定把两筐苹果送到学校的幼儿园，送给小朋友，送给祖国未来的花朵们品尝。这件事情充分体现了学院党委领导不牟私利的优良作风。事情传开后，学校职工都特别感动，我认为这种品质应该值得历届领导学习。像这样的事情，这样的故事，这样的精神，还有很多很多。

我还记得非常深刻的是“星期六下车间义务劳动”。当时的《济南日报》都过来采访，作了专题报道，这是张伟光老师带的头，后来被大家一致赞扬学习，他还获得了“新长征突

击手”的称号。在“文化大革命”时期，还有这样勤奋学习、努力工作的职工，用现在的话来说应该点赞。

对于学校的校庆，我亲自参与组织了三次，40 周年校庆的时候，我主要负责编辑学校的政策制度，当时学校的事情非常多，为了学校的工作，我坚持工作，晚退休了一个多月，迄今我都退休 20 多年了。学校现在的许多情况都是通过校报来了解的。我记得校报是 1998 年创立的，当时叫《鲁高技青年报》，是团委那帮年轻人创办的，后来由宣传科接办，更名为《鲁高技校报》，再后来又改为《山东技术学院报》。校报办得非常好，有特色，接地气，我们这些退休的同志非常喜欢，希望坚持下去，这也是学院的文化资产。

最后，我建议加强关工委的工作，加强对学生的管理，比如卫生、纪律，不要乱扔垃圾和通宵上网。此外学校要多搞些活动，如诗歌朗诵班、合唱团等。

## 4. 欣逢母校华诞一甲子，喜看学生成才千而万

——陈国兴（1966 届毕业，退休教师，书法家）

我在咱们学校学习了三年，于 1966 年毕业。毕业后当了 12 年工人，1978 年恢复办学后又走上教学岗位。在教学过程中，和学生在一起，我感觉自己虽然生理年龄在增加，但是心理年龄却没有变老。学生们有什么难事儿、愁事儿，学生之间的小矛盾、小问题、小苦衷，他们都愿意告诉我，我也愿意与这些孩子们交朋友。老师有的时候就像他们的家长一样，有的时候又像他们的大朋友一样帮助他们，和他们一起成长。

那个时候，我们既是实习教师又是班主任，有时还会跟他们住在一起。我们也会尽量去调剂和丰富学生们的课余生活，在教给他们知识、技能的同时，给他们以文化艺术方面的熏陶。比如那时候我们举办“每周一歌”的活动，很多当时流行的校园歌曲、台湾歌曲，我们都教给学生，因为当时咱也是“文青”一员，特别喜欢这些东西。我们还领着学生办黑板报，和学生一起设计、一起画画、一起练字，指导学生注意板报中字体的变化、色彩的搭配以及板报格式的设计。学生们很喜欢做这些事情，尤其是当板报评比获奖后，他们会更高兴。我们希望通过调节和丰富学生的业余生活，让学生喜欢我们学校，喜欢学习，喜欢交往，并从中得到乐趣。

我想再说说我的艺术追求。我年轻的时候就很喜欢写写画画、吹拉弹唱。兴趣是最好的老师，关键还在于坚持下去，如果你能刻苦钻研、不懈追求，就一定能取得成绩。在我的书法艺术之路上，著名书法家王仲武老先生给予我很多指导。我和王老先生在“文化大革命”前就认识。王老先生说，在中国五千年文明史中，中国汉字字体有一个渐变过程，大篆、小篆、汉简、钟鼎文、隶书等，应该临摹一些古人名帖，隶书中有篆意的作品我也应该临习一些。后来随着汉简作品的更多出土，我发现当年的汉简书写者并不是名人，所以在书写的过程中有更多率真的意蕴在里面，显得更加自然、洒脱和不羁。比如有的一个竖笔，拖得很长，占

到若干格次，这正是他直抒胸臆的表现，淋漓痛快。我的书法特点也是隶书中有汉简的韵味，跟我临的这些帖子有关。“老牛已知夕阳晚，不用扬鞭自奋蹄。”我当继续前行，努力提高。

说到乐队，那时候的音乐歌唱比赛，实习教学部门几乎每年都是一等奖。我位列其中，担任指挥和组织协调工作。我们曾经组织过百人大合唱，唱的是《长征组歌》《黄河》，那么多人一起演唱，真是气势磅礴。我的体会是人的潜能是无穷的。开始我只是粗通乐理，纯属业余爱好，后来也一步步被推至前台。

今年，时值我院建校 60 周年，我撰写了一副对联送给我们学校：欣逢母校华诞一甲子，喜看学生成才千而万。

## 5．悟是明白的源泉，悟是糊涂的了结

——田太铭（1962 届毕业生，退休教师，书法家）

我初中是在咱们学校旁边的济南九中上的，初中毕业后报考了青岛纺织学院。没想到，当年因为成绩突出被“省劳技”留下了，那时候叫山东省劳动厅机器制造学校。入校后我真是大开眼界，学校管吃管住还发钱，感觉真幸运。四年中专后毕业留校，先后在工厂和教务处工作，2005 年退休。

说起书法，我从小就喜欢，退休后重新拾起了这个放不下的爱好。但可能年纪大了，感觉练得有些吃力。看到有人写“招财进宝”“日进斗金”等组合式书法作品，人们都很喜欢，我灵机一动：我是不是也可以多创造一些这类字体呢？

我发现这类字体大多是通过笔画的借用和重新组合而成，于是就自己琢磨创造了一些这类字体，比如“双喜”“家和万事兴”等，我给它取名叫“组合体”。还有比如“山高人为峰”，这是上海红塔集团的一句广告语，我用嵩山的嵩字加写法达意，取名叫“意会体”。截至目前，我已经创造了 400 余个这样的组合体。前段时间，经人介绍去国家版权局登记注册，目前已经获得“双寿图”“组合体”和“意会体”三种书体的登记证书。

我觉得没有文化悟不出道理！当年我学钳工的时候就是如此。师傅可以传授你知识技能，学不学得会，关键看你的悟性。你的文化知识越多，悟性越强，学得越快。我常常说一句话：悟是明白的源泉，悟是糊涂的了结。我一直认为文化应当是领先于一切工作的，是走在社会前头的。

我的爱人和孩子对我的书法创作都很支持，有这样一个和谐幸福的家庭，我很开心，对社会也很满意。我感觉特别幸福！

## 6. 那个时候，产品才是硬道理

——李宝良（建校元老，原实习工厂副厂长）

我叫李宝良，是 1956 年 4 月份调到咱们学校来的。从 1956 年至 1962 年，我一直在教学岗位工作，1963 年转到实习工厂从事技术产品的研发和技术施工工作。1969 年 11 月学校改成工厂，1978 年 5 月恢复技校。为了更好地培养学生，1962 年下半年，学校主要领导带领 8 个人到上海机床厂学习万能工具磨床，一共学习近 20 天，带回了图纸和工艺资料，回校之后我们便开始试制，到 1963 年试制成功。

工具类磨床在我们学校试制成功，弥补了省内空白，填补了计划经济的缺陷，为学校学生的实习产品打下了基础。产品过硬，是由于经过了机械制造各方面的车、铣、刨、磨等各个过程，也包括电器部分，对于我们培养技术工人应该说是非常全面了，就成了我们当时的实习产品。因此我说产品才是硬道理。到 1978 年共生产产品 3156 台，为“省劳技”培养高技能人才做出了重大的贡献。这些产品的工艺性好，结构复杂，非常适合学生学习，学校的发展离不开它。

从建校初期的三四百人到现在的一万多人，我们为学校的发展感到由衷高兴。咱们学校当时因为有了这种产品而形成规模。1992 年，咱们学校是办展览会的主导学校，负责产品的展览和布置。从当时的规模来看，咱们学校的规模是省内较高的，因为当时其他学校只是很简单地制造零件，而咱们学校生产机床，且比他们的规模都大。

1973 年，我们根据当时国民经济的发展需要，采取措施，组织了新产品试制小组。我是小组的副组长，搞了三四个月，也进行了市场调查，当时正好赶上国家一机部根据磨床的十年发展规划，组织咸阳机床厂、济南第六机床厂、天津第七机床厂并淘汰 M5M、M612K、MW6020 等老产品进行更新换代。这里有一个有趣的故事，我们在 1962 年至上海机床厂学习，时隔 14 年，到 1976 年 4 月份又增加了天津第七机床厂，联合设计 2M9120 多用磨床，这是模仿美国的产品，后来这个产品竟出口到了美国。这个产品在我们单位生产了 1200 多台，当时派我和周洪德作为主要人员参加研发。当时组长是咸阳机床厂的支部书记，他带领着 24 位大学生联合搞设计。到 1977 年 1 月份，我们俩夜以继日，不到半年时间就试制成功。当时的咸阳机床厂对此还有些不服气，他们认为应该在咸阳首先试制成功，没想到让我们抢先成功了。

换代后的产品由山东省机械工业局组织进行鉴定。鉴定方认为我们的产品具有美观大方、体积小、重量轻、操作灵活、一机多用等特点，并且是我国自行设计、具有独特性能的新产品，为我国机床发展增添了新的品种。此产品即 2M9120 磨床增加了液压系统，取代了老磨床，被定位为学院当时的主导产品，为学校培养高技能人才做出了积极贡献。

职业教育也是如此，国家教育层次中既要有搞科研的认识世界，也要有搞技术的改造世界。据不完全统计，到 1993 年，我们厂就出口了 2M9120 磨床 54 台。上世纪 80 年代，我们的很多磨床产品填补了国内空白，还有很多产品是国家计委统一分配的，由物资部统一拨钱购买。1985年后市场经济逐步发展起来，我们又积极参与国内外的机床产品博览会。第一次参加博览会是引进瑞士的产品，与成都工具研究所共同研发的，获得了全国科学大会奖。但这个产品由于配套技术的影响，后来被2MBD7125取代不再生产了。

回忆我们学校的发展，通过各种机床产品，我们的技术力量不断提高，“省劳技”培养的学生也得到了企业和社会的广泛好评与认可，我们为此感到骄傲和自豪。祝愿学校明天更美好！

## 7. 学校发展到何时都应该把德育放在首位

——张捷云（建校元老，离休老教师）

我是一名离休老教师，在我们学校工作过40年，基本上经历和见证了我们学校早期和中期的历史发展。60年来亲历的岁岁月月，60年间的心血和汗水的付出，占去了我有为之年的大部分时间，在我心灵深处镌刻下了难忘的印记。那个时候，我时刻关注着学校的变化，即使在完全脱离岗位以后，也时刻心系学校发展。

回顾历史，追根溯源，我们学院原是一所技工学校。它创建于1955年1月18日，当时学校规模不大，全称为山东省劳动局济南工人技术学校。然而，莫道学校规模小，底蕴丰厚非一般。它是在特殊历史条件下，适应历史的特殊需求创办出的具有特殊性质的新型学校。当时，我国经济建设的第一个五年计划全面启动，156个外援重点项目陆续上马，建设一线急需大量的人力。管理干部便从行政、军队、事业部门抽调，很快便形成了大批干部转工业的高潮，他们在新的岗位上边干边学。当时遇到的突出困难是技术操作工人极为匮乏，必须加快培训。要尽快培养高质量技术工人，既不能延用传统的以师带徒方式，也不能采用以前有些大企业开办的不定期培训班式的学校。应该参照苏联经济建设中行之有效的经验，办正规的技工学校。于是各产业部门，各大型厂矿纷纷办校，掀起了大办技工学校的高潮。负责统管全国技工学校的中央劳动部，也率先批准两所技工学校，由劳动部门在苏联派来的专家指导下直接创办。其中一所就是我们学校，另一所在河南郑州。我们学校由于领导重视，设施齐全，认真贯彻以实习教学为主的方针，并以教学质量高而扬名全省。1957年秋，中央劳动部举办的技工教育成就展览会上，我们学校作为重点学校参展，全面反映了学校教学、生活各方面的情况，誉享全国职教界。在此后的几年里，我们学校虽几易校名，办过技工学校、半工半读机械学校以及统辖全省九个地市技校的总校等，但不管名称怎么改动，以实习教学为主的教学原则没有改，培训高质量的技术工人的根本任务没有变，所以我们学校的教学质量始终位居上乘。“省劳技”的校名闻名于全省，作为“省劳技”的教工也颇感自豪。

在技工学校里，我是政治理论课教师，也主动承担了一定的思想政治工作任务，与团委、辅导员配合默契，经常联合搞些教育活动。政治理论课是一门涉猎广泛的课程，教师应该对马列主义三个组成部分的内容有所了解，还应该掌握党史、时事政策以及毛选的基本知识。当时在教学中的突出困难是缺乏自己的教学大纲和教材。为了解决这个问题，劳动部培训司（局）从 20 世纪 60 年代到 90 年代，先后组织大学教授和少数省市的技工教师组成编制大纲和教材小组，制定或修改教学大纲，编审技校政治理论课教材。这些活动我基本都参加了，并曾经自编过试用教材，还曾经两次在省劳动厅培训处召集的全省技校政治理论课教师培训会上做讲解与说明工作。

“文化大革命”期间，学校改为济南第六机床厂。在厂里，我曾干过五年钳工和两年的物资和设备管理工作。这段经历虽属反常，但也有所收获，我基本上掌握了一门技艺，同时对机制方面的各类设备性能及其操作要求有所了解，从而使我在以后的教学中更加得心应手。由此，我也深刻体会到技工学校的理论教师不管教什么课程，都应该了解和掌握一定的操作技能。

“文化大革命”过后，学校即刻恢复办学。当时随着经济的恢复和发展，又一次迎来了技工学校发展的高潮。为解决教师短缺和来源问题，劳动部决定在全国建造四所技工师范学院，我校是首选改制的学校。那段时间，由于学院没有正式招生，所以我继续在中技班教“哲学常识”，在高级技工班教“党史”。由于当时正处于计划经济向市场经济的转型期，所以又增添了向职工讲述商品知识和市场经济理论的辅导工作。

1981 年，随着经济的快速增长，技工学校发展的步伐也加快了，除恢复原有的技校外，又新增了许多新建技校。为了提高办学质量，省劳动厅决定利用我校的人力和设施（包括食宿、教学、交通等）条件，在我校开办山东省技工学校校长培训班（简称“干训班”）。“干训班”的宗旨、任务、规划及重大事项由劳动厅决定，日常的教学活动、生活管理、经验交流以及带队外出参观考察等活动，由我院派出的老同志主持执行。“干训班”开设三类课程，一是请北师大、山师大、天津技工师范学院、省委党校的教授讲解教育学、心理学、学校管理学的基本知识；二是请省委党校、劳动厅以及有关领导部门的同志讲解当时的时事政治与人民普遍关切的政策问题；三是我们技工学校办学实践中总结出的项目教材，如谢芬桂老师主讲的“技工学校的特点与校长的职责”，我主讲的“技工学校思想政治教育”，还有“生产实习教学法”等，每期都安排经验交流和外出参观学习。“干训班”前后共办了 18 期，另外还办过专职的教学管理、学生管理、政治教师、实习教师等各类专业班约七八次。那时由于“干训班”设在我校，我们学校成了省内外技校的联络点和窗口。

上世纪 80 年代末，中央强调在各类学校中加强德育教育，在高校中要对学生开设德育课，照此精神我们向省厅培训处请示同意后，决定编写一本加强技校德育的读物。先由我们拟定编写提纲和课题纲目细节的要求，然后在全省各技校中选取合乎要求的学校和参编教师，共同编写了 20 多万字的《技工学校德育教程》。这本书经省委党校教授主审后，于 1990 年 10 月份正式出版。这本书可以作为德育课的教材，也可以作为主题班会的参考选题，还可以作为学生的课外读物。它连续出版 40 多万册，在当时技校的德育教育中起到了一定作用。

1992 年春，我办妥离休手续后，便在学校培训部继续做教学工作。由于多年与外聘教授一起活动，耳濡目染，增长了不少见识，除讲授原来的课程外，又承担了职业技术教育学、技工学校管理以及实习教学方法等课程。在培训部一直工作到 1996 年底才完全脱离了教师岗位。

对过去个人工作经历和见闻的抒发，也是为了从一个侧面见证我们学校前期、中期的发展历程。回顾那段时间的投入和付出，至今不仅感到无怨无悔，而且还倍感幸运和自豪。其一，在技工教育事业这个全新的事业刚刚开始的时候，我就全身心投入进去，可以在领导的重视下，尽情发挥光和热；其二，我们学校一直是以实习与生产结合好、培养学生质量高享誉省内外，在赞许声中更容易鼓舞斗志，主动向更新的领域冲刺；其三，最令人感到欢欣的是在新的世纪里，我们的学校已经发展成大型的专业众多的职业技术学院。

我诚挚希望我们的学校办成既大又强、特色鲜明、培养优异应用型人才的学院，这也是我这个耄耋之年的老教师的良好祝愿。

## 8. 辅导员是学生的主心骨

——齐绍金（辅导员，退休教师）

1973 年，我从部队复员后被安排到学校工作，先在其他部门干了 11 年，后来转到当时的学生科做辅导员，退休后又返聘 3 年做学生心理咨询工作。

不论在哪里，我的准则都是“干一行、爱一行”。我出身贫寒，上学获免费资助，后来应征入伍，自己要是干不好，总觉得对不起国家和社会。带高级班对我来说很困难，这个班当时是 123 人，学生来自四面八方，年龄也大小不一。我从他们的起居小事抓起，严格按照部队“团结、紧张、严肃、活泼”的原则进行。当时咱们学校抓得也很紧，学生们也都是各地技校的优秀生，在学习方面很努力，除了上课，周末时间还都跑到实习车间去练习和操作。在这个班里，毕业时八级工达到 10%，大多数都达到了七级工的水平。

在平时的德育工作中，我鼓励学生发挥自己的主观能动性，与他们打成一片，共同研究开好主题班会，甚至让他们自己走上讲台，既锻炼了学生，又发挥了学生自我管理的有效作用。平时工作中，我将学生的点滴情况记录在自己的工作笔记本上，时时处处关心他们的成长情况。从 87 级学生开始，我对他们的成绩单独做了分析图表。我认为，德育教育是很活跃的东西，发挥互帮助、小老师的优势，发挥互帮助、共提高的优势，发挥班委、团支书的作用，可以构建良好的班集体。记得有个日照的学生忽然发高烧，那个时候没有手机通讯不畅，班委的同学半夜敲门到我家，我冒着大雨，用自行车推着这个学生赶到医院看病，我给他交钱、检查、拍片、挂吊瓶、安排住院、签字，直到第二天给他家里人打电话，我才回到学校，他们家人非常感谢学校，感谢我。我总是把学生当作自己的孩子一样对待，对他们的身体情况、家庭情况和学习情况，我了如指掌，基本上都能在较短的时间内采取最快、最好的解决方案。

今年的“全国教书育人十大楷模——王其平”就是当初我带的第一届高级班的学生，他是枣庄技校过来的，平时比较老实，说话也很少，但很刻苦，很爱钻研，很爱学习，也很上进，特别是有一股不达目的誓不罢休的精神。他能取得今天这样的成绩，绝不是偶然的，而是他对职业教育的坚守、对教师岗位的坚守铸造了今日的光荣。在这里我也祝福他，希望他为国家培养出更多更好的高技能人才。

我还有个学生叫刘福祥，也很优秀，现在是泰安技师学院机电工程系的副主任；还有个学生叫张卫红，现在是山推技工学校的副校长，高级讲师；还有个学生叫王军革，是当时的学生会主席，现在自己创业办起了技工学校，招生规模也很大，声誉也很好……当时，从第一届高级班毕业的学生目前都成了各地技工学校、技术学院的骨干力量，都成了高级讲师、高级实习指导教师和首席技师。

我很自豪，也很骄傲，为我的学生，也为“省劳技”！

## 9. 往事钩沉

——刘登科（1982 届毕业生，安全保卫处处长）

我是 1979 年 9 月 23 日来母校上学的，之后一直在这里学习、工作和生活。

那时正值“文化大革命”结束，拨乱反正，迎来新时代，母校得以在 1978 年恢复山东省劳动局技工学校并开始招生。我们这一级算是恢复办学后的第二届学生，刚进校时还处于未成年阶段，而我们的师兄中有很多是 50 年代出生的，都有一些社会经历，有的当过农民，有的当过农村教师，有的当过村干部，还有的已经“订了亲”甚至有了家室。是那段特殊历史造成他们那么大年龄才有机会求学，自然都透着一种成熟和对知识的渴望。当时两届共有 500 名在校生，之后 30 多年，母校不断发展壮大，如今成了知名的万人高等职业学府。

弹指一挥间，我也在这里待了 36 个年头，从 16 岁的毛头小伙到了霜染两鬓的“知天命之年”。亲历了母校的发展变化，自然怀旧的情愫愈来愈浓烈，时常萌发出写点东西的想法。母校不仅教了我知识、技能，更养育了我，培养我如何做人、如何做事，才有了我今天的成就和殷实生活，母校的恩情我永志难忘。

当时的老师，大多是经历了“文化大革命”后被“劳动改造”出来的，正值干事创业的好年华。本来在教学业务上都已有所建树，再加上又有十年在生产、技术一线“劳动改造”的历练，更是“如虎添翼”。之后又有一茬一茬的新老师不断加盟，师资队伍不断壮大，人才辈出，生机勃勃。

记得刚进校门的第一堂课，是已故老学究谢芬桂老师的语文课。他没有带课本，而是用他那浓重的湖南话给我们讲了《荀子 · 劝学篇》和教学相长等道理。还有我们当时的数学老师刘玉昆，不仅课讲得好，而且文学功底颇深，他讲的“流水不腐，户枢不蠹”我第一次听到，这对于我这个知识甚少的青少年来说，影响很大。记得当时在上完第一堂语文课后谢老师布置了一篇作文，我写的题目是《我学习的起点》，得到了老师肯定，也是从那时起，也多少喜欢上了语文，开始读点唐诗什么的。老师们除课堂上认真授课外，每天的早、晚自习都到班上答疑，并且还有学生经常到教研室请教老师问题。不论是不是你的任课老师，都给你耐心解答，直到你明白为止，因此也建立了非常深的师生友谊。当年田幼勤老师教我们电工电子和英语时，还是扎着小辫的大姑娘，别看 20 岁出头，却很有气场，讲起课来头头是道，语言流畅，“训”起人来也是“嘎嘣脆”。

我是学铸工的，实习老师兼班主任袁洪昌当时刚过而立之年，很能钻研，业务能力强，对学生要求严格，并且熟读《三国演义》等古典文学，只可惜因意外事故 40 多岁英年早逝。他严格遵守教学规范，先在黑板上讲，然后做示范，最后让我们练习，发现谁做得不够标准立即推倒重来，直到把这个动作掌握为止。因此，三年学习下来，我们班无论工时完成还是质量方面都是数得上的。记得一次，我的一个工件干废了，袁老师批评时我还在争辩、强调理由，他说，言过其实是没好处的。这句话我至今牢记在心。

母校特殊的办学经历和理念，学校与工厂的融合，造就了学子们诚朴厚重、吃苦耐劳的品质，这也应该是今天高职教育所倡导的企业文化与校园文化融合的重要标志。母校在那时就已经开始做了，不仅成为传授知识与技能的场所，更是教人诚实端正、求真求善的家园。母校人很诚朴厚重，这里除了营造出工人阶级和知识分子和谐共生的环境外，也应该催生出制造业的特有文化气质，因为和金属打交道就得实打实，来不得半点马虎，否则你出来的产品就是废的，培养出的人也是不过关的。记得我留校后曾在实习工厂当过调度，对老检验员带着老花镜用千分尺精心测量，一丝一毫都不能有差错。那时，生产实训任务紧，新产品开发任务重，每年生产像今天的 2M9120 多用磨床等几百台，同时还要开发几种新产品。教师、技术人员、管理人员、学生以及生产工人奋斗在一起，经常加班加点，协同作战。记得 80 年代末我们承担第一条拉幅机生产线，为赶生产进度，党委书记亲自带领科室人员到现场打磨千余米工字钢上的铁锈。在母校，人与人之间以诚相待，一人有事，大家帮忙，建立了融洽友善的人际关系。这些也是“省劳技”培养的学生素质高、技术好、能力强，深受企业欢迎的重要原因。

母校在我上学的时候就已全国驰名，属于技工教育的领头羊，我们也因老师们讲到母校与当时的山东机械学校、铁路机器制造学校等老牌中专学校齐名而备感自豪。母校从不安于现状，靠长期不懈的追求和奋斗，站在技能人才培养的高端引领位置。记得 1986 年就开始试办高级技工班，取得成功后，又于 1989 年率先试办高级技工学校，在全国开创了通过学校教育培养高级技工的先河。2002 年又在全国高级技工学校中率先改建高职院校。2003 年开始在长清大学科技园征地建设新校区，2004 年动工，2006 年秋季一期工程投入使用。

2011 年在电气及自动化专业开办创新班取得成功的基础上，正式推行“卓越技师”培养试验，在全国率先培养出“高职学历 + 技师资格”的高端技能人才。2012 年又力争迈入全省技能型特色名校行列，学院事业呈现文德之治、蓬勃发展的大好局面。

管见母校发展历程，多年积淀、形成的志存高远、诲人不倦、诚朴厚重、吃苦耐劳等学校精神和主流文化，激励着一代又一代的“劳技人”不懈奋斗，培养着一届又一届的“劳技学子”成长成才。如今凝练的校训“卓越技能、出彩人生”，更体现出时代精神、办学特色和追求卓越的核心文化气质。无论风风雨雨还是风调雨顺，母校精神都会不断传承和发扬光大，她毕竟已根植校园，成为每个人身上的细胞和基因。

## 10. 劳动是我们的 DNA

——张新成（1990 届毕业生，宣传部长）

我 1987 年入学，1990 年毕业考入天津职业技术师范大学深造，1993 年回母校工作。先后在学校团委、学工部、机制工艺系工作，现任学校规划财务处处长。

在长清新校区初建时期，当时我正担任学工部副部长并兼任校团委书记，主要负责学生工作。所有师生都很期待新校区的建成，当时学工部与团委共同组织了一次“毅行者”活动，有 300 多名师生从槐荫校区徒步行走到长清校区，总历程 23.5 千米，再徒步返回。这次活动十分有意义，表达出师生对学校新校区的满心期待，同时更有利于磨练学生的意志并锻炼学生。

在 2006 年新校区投入使用时，学院成立了长清校区综合办公室，我与几位同志负责这方面的工作，主要是解决办公问题、交通问题、通讯问题以及一切日常综合协调工作。经过努力，我们联系到长清 2 路公交车直通我们新校区。我们联系到联通公司，为我们提供“大灵通”来解决通讯问题。还有我们长清校区校牌的确定，当时胡涌副院长带领我们到山东省人民政府测量他们的门牌，根据尺寸做了我们学校的校牌。那段时间，条件相对艰苦，学校紧抓时间，保证工作质量，不断完善新校区的建设，经历几年的时间，才发展到现在，非常不容易。

学生工作是我工作经历中十分重要的组成部分，时间从 1993 年持续到 2005 年。相比现在，那时学生的数量相对较少，但学生活动却是非富多彩，比如青年志愿者活动、书画爱好者协会活动、足球协会活动以及一些小家电维修的公益活动等，活跃在学校的各个角落。每次学校组织活动，学生们都认真参与，发挥所长，严格要求，彰显团结奉献的精神。那段时间的共青团工作为以后的学生工作奠定了良好的基础。

2007 年到财务处工作。财务工作对学校工作发挥着至关重要的作用，就像人体的血液一般，身体哪个部位需要血液的话，血液就会流向身体的哪个部位。如果身体的某个部位出现问题，血液也会有所反应。学校在最近几年的工作中，经济投入较大，尤其是对新校区的建设。我刚到规划财务处时，学校债务大约是2.5亿元，按学校每年2000万元左右的结余资金来算，需偿还十多年的时间。在上级部门的支持与学校领导的带领下，学校长清校区取得了较大发展，已基本满足日常的办学需要，但是若想实现更高的教学目标，学校仍需加大投入。从我校的建设规划来看，长清校区规划建设35万平方米，到现在才刚刚建成18万平方米，结合现在的实际情况，我们还需建成10万平方米左右的建筑，还需投入3亿元左右的资金。虽然学校资金短缺，但本着“先保吃饭，再保发展”的原则，积极响应国家提高职工待遇方面的政策，学院及时提高教职工的待遇，照顾到教师群体的切身利益，更多彰显出“以人为本”的发展宗旨。

今年“五一”劳动节期间，习总书记指出“劳动光荣，技能宝贵，创造伟大”，我们学院党委崔秋立书记提出“劳动是我们的DNA”，我深切感受到劳动应成为我们血液中的一部分。尊重劳动，热爱劳动，在此基础上培养技能，崇尚技能，发展技能，这是我们劳动职业学院的立身立命之本。我们“省劳技”一直注重培养学生的综合素质，我们的毕业生热爱劳动，遵守纪律，爱岗敬业，技能水平高，获得了社会的高度认可与肯定。

学院已建校60周年，借学校60周年校庆的机会，祝愿我们的学校有朝一日能成为工科高职院校中的“清华北大”。

## 11. 是学校培养了我，成就了我

——张颂（1986届毕业生，学院机械工程系党总支书记）

1983年，我走进省劳技，学习钳工专业。当时给我们代课的单小君、张云才、丁守尚、平方荣等老师知识渊博，技艺精湛，对学生要求宽严有度，用今天的标准来看，绝对不负名师称号。

在老师的耐心教育下，在师傅的悉心指导下，学知识，学技能，学做事，学做人。我从一个懵懂无知的少年逐步掌握了专业理论知识，确立了做人的基本道理，练就了锉、锯、錾、刮削、测量、识图、装配等基本功，从逐步完成零件的部装到最终参与2M9120周边磨床的总装、调试，一步一步成长，技能一步一步提升。（一直到90年代后期，学校的人才培养都是这种师傅带徒弟的模式，就是现在国家倡导企业与学校结合的新型学徒制培养体系。）

毕业后我留校在五车间当工人，这个车间现在仍在，就在实训楼南侧。当时五车间主要承担教学和生产设备的维修保障任务。我被分配在大修组，就是负责把运转精度降低，到了大修期的机床设备，进行重要部件的清洗、更换和装配、调校，如更换主轴轴承、齿轮，重新刮配床身导轨和滑板，提高加工精度。工作多数都是手工操作，劳动强度大，挑战性也强，因为你要面对各种需要维修的设备，记得基本上是一个月维修一台。当时带我的是訾玉刚老师，从机床拆解，识读装配图，部件刮削、装配到完成总装调试，訾老师一步一步指教演练，带我完成了 C616、C620 普通车床，X6132W 万能铣床，750KG 空气锤等设备工具的大修任务，还完成了省黄河河务局大型泥浆泵的生产、调试、安装等任务，我也逐步成长为一名懂技术（识读装配图、拆装设备等）、会操作各种机械设备（天车、钻床、车床、铣床等）、能排解基本机械故障的技术工人。

工作期间我参加了业余中专的学习，1989 年我考取天津职业技术师范学院（现天津职业技术师范大学），学习职业教育管理专业。重新回归学校做学生，放下工具，拿起书本，我加倍珍惜学习机会，努力提升自己的文化素养和职业素养。

1992 年 7 月毕业后，我又回到母校从事学生德育教育和管理工作，也成了一名教师，特别自豪。当时，学校已改建为“山东省高级技工学校”，成为国家首批高级技工学校。自那时起，一直到 2007 年，我一直和学生们在一起，把我在学校学到的做人做事原则，正确的人生态度传递给他们，与他们一起学习、进步，共培养了中技、高技、高职不同层次的约 600 名学生。现在想来，与学生们在一起是最快乐的事。从集体意识培育、纪律观念养成、行为习惯纠正、违纪处理，到带他们登山、远足、独步毅行、包水饺、联欢，个中滋味，经历过才更觉它的甘美!

2015 年，我带的第一届学生恰逢毕业 20 周年，他们组织了聚会，我也参加并带他们参观了新校区。大家对学校的变化也是感慨万千，回忆在校的点点滴滴，忆同学情，难忘师恩，感恩母校培育。这些年，在与毕业生的交流中，感到他们在做人的品格修养上、在做事的认真踏实上、在工作的岗位技能上，都有了质的变化和飞跃，很多同学都已事业有成。比如有的同学专注技术，踏实在一线，成为企业的技术能手和地市级首级技师和劳动模范；有的同学经过多年的打拼磨砺，自己创业成立公司，甚至把市场做到了国外；有的同学从基层做起，踏实迈进，逐步成为销售主管；有的同学已做到大型国企的中层管理岗位；有的同学积极进取，认真学习，已经读完硕士，如今从事技术管理工作……

2002 年，我有幸跟随学校发展的步伐走上管理岗位，亲身经历学校的快速发展与变革，先后在经济管理系、汽车工程系、机械工程系工作。多年来，获得优秀共产党员、人社厅厅级嘉奖和年度考核优秀等荣誉，今年又获评“省级机关优秀党务工作者”称号。工作岗位的变化，锻炼提高了我的能力；荣誉的获得，让我更加清晰自己的发展方向，更加努力地学习新知识，干好每件事。

回顾自己的成长历程，由衷感恩母校，感恩老师，是学校培养了我，成就了我。

# 后记

以史为鉴　展望未来

# 后记

## 以史为鉴 展望未来

“雄关漫道真如铁，而今迈步从头越。”2015 年，山东劳动职业技术学院迈入了成长历程的第 60 个年头。学院通过了山东省首批名校工程建设的验收工作。这也是“十二五”期间，学院成果的全面展示和收官。学院党委带领全校教职员工认真学习习近平总书记系列重要讲话，学习党的十八大以来，中央、省委关于职业技术教育的一系列指示，学习全国全省职教会精神，学院办学理念进一步清晰，坚持以立德树人为根本，以提高人才培养质量为核心，坚持产教融合，校企合作，工学结合，知行合一，积极探索实践，不断积累创新，形成了特色鲜明的建设成果。特别是 2011 年以来，学院率先探索实行“专科学历＋技师资格”的“卓越技师”培养模式，2013 年被省政府确定为首批技能型特色名校建设单位，并新增“3+2”本科贯通培养专业 2 个，努力探索“本科＋技师”高端技能人才培养的新路子。技能型特色名校建设，使学院整体面貌焕然一新，办学环境进一步改善，办学条件和实力进一步增强，人才培养质量显著提高，服务社会能力和社会影响力有了较大提升，学院发展建设又站上了新的起点。

崔秋立书记

## 一、发展机遇

### （一）难得的政策机遇

2015 年 5 月国务院印发了《中国制造 2025》，部署全面推进实施制造强国战略。《中国制造 2025》明确了九项战略任务和重点，新一代信息技术产业、高档数控机床和机器人、航空航天装备、海洋工程装备及高技术船舶、先进轨道交通装备、节能与新能源汽车、电力装备、农机装备、新材料、生物医药及高性能医疗器械十大重点领域成为改革着力点。《国家中长期教育改革和发展规划纲（2010—2020 年）》表明了我国实施“科教兴国”和“人才强国”的战略不动摇，《国务院关于加快发展现代职业教育的决定》要求，弘扬劳动光荣、技能宝贵、创造伟大的时代风尚，专门设立了全国职业教育活动周，党和政府高度重视职业技术教育在全面建成小康社会中的重要作用。我省《关于加快建设适应经济社会发展的现代职业教育体系的意见》，为高等职业教育迎来了新的发展机遇，也为以率先实施高等职业教育与技工教育相融合的我院提供了广阔的提升空间。按照《山东省中长期人才发展规划纲要（2010—2020 年）》的要求，2020 年高技能人才队伍达到 280 万人左右，其中技师、高级技师达到 60 万人左右，对制造类高技能人才的需求量将占到总需求量的 60%以上。我院作为以机电类专业为主的高职院校，肩负着为经济社会发展输送更多高素质技能人才的重要使命。

### （二）业内发展的空间机遇

2011年，省发改委立项在我院建设大学生创业就业基地，在大众创业、万众创新的形势下，积极创造条件，建设创业培训大学，实施对大学生、农村劳动力转移、下岗职工再就业培训、农民工学习技术、在职职工技能提升等就业创业和职业资格培训都将很好地发挥我院职业技术教育的示范和引领作用。人才市场对高技能人才和双师素质师资的需求越来越大，目前，整个华东地区尚无培养双师素质师资的院校，这为我院培养高技能人才和技工技师院校师资提供了难得的机遇。

### （三）经济新常态下的需求机遇

当前，我国正在着力迈向新型工业化道路，“中国制造2025”“互联网+”以及机器人、3D打印迅猛发展，社会对精密机械、电气自动化方面的技能型人才需求量越来越大。我国经济增长方式的转变需要大量生产一线的高素质劳动者，经济结构的调整对一线生产者和管理者提出了更高的技术和技能要求，高等职业教育的大众化要求培养多层次、多类型、多规格的适应经济、社会发展要求的人才。这为我院把高技能人才培养系统化、高端化和专业化做强做特、做优做精提供了难得的需求机遇。

### （四）良好的环境机遇

目前，经过十几年的发展，职业技术教育的环境明显改善，高职院校的品牌建设产生了良好影响。地方政府和行业部门也已基本形成共识，我院借助已建立的山东省职业培训教育集团优势和技能型特色名校建设的契机，加大高职教育工作的校企合作力度和工学结合力度刻不容缓。特别是我院各系、部门的奋力拼搏和社会各界的鼎立相助，使我院拥有迎接挑战、再上新台阶的潜力。

### （五）我院拥有大力发展职业技术教育的资源优势

为装备制造业培养、培训高级技工、技师，卓越技师既是我院的强项，也有着辉煌的历史。我院不仅积累了深厚的职业技术教育文化底蕴，而且有一支经验丰富、教学能力与教学水平较高的双师素质教师队伍。我院职业技术教育的模式得到了国家及省内专家的认可；高技能人才培养的专业化、系统化和高端化以及双学历、双证书是我院一贯的特色和品牌；单独对口招生是我院独特的优势。这一切都是我院大力发展职业技术教育的资源优势，为我院重振雄风奠定了基础。

## 二、未来展望

党的十八届五中全会明确提出了“十三五”规划的指导思想、基本原则、目标要求、基本理念、重大举措，描绘了未来五年国家发展蓝图，也为职业教育发展指明了方向。学院将按照全国职教会精神，根据职业教育和国家高技能人才队伍的新形势，整体谋划，顶层设计，补齐短板，在特色名校建设成果的基础上，制定好“十三五”发展愿景，实现学院新发展、新跨越。

### （一）加强创新创业教育

党的十八届五中全会指出，创新是引领发展的第一动力，并提出了全面创新的观点，未来需要创造新的发展模式，实施创新驱动发展战略，发挥教育与科技创新引领作用，推动大众创业、万众创新。全面提高国民的创新意识和能力，首先应从教育创新入手，大力提倡和实施创新教育，高职教育应当走在前列。今后学院将把创新创业教育摆在更加突出的位置上，结合办学定位、服务面向和创新创业教育目标要求，从培养模式、课程体系、实践教学、教学评价、教学方式、校企合作等方面创新人才培养机制，使创新创业教育与专业教育有机融合，满足学生创新创业的内在需求，增强学生创新创业意识和实践能力。推进创新创业实践平台建设，推进院级创新创业大赛的开展。选拔创新创业教育专职教师到行业企业挂职锻炼，提高教师创新创业教育的能力。加大“卓越技师”培养的改革力度，实现“学历证书＋技师资格”的衔接贯通，培养创新型的“未来工匠”人才。

### （二）深化办学体制机制改革

以实施大学章程为契机，构建和完善“党委领导、院长负责、专家治学、民主管理”的制度，积极推进现代大学制度建设，实现依法治校，规范管理。进一步健全内部组织结构，明晰和界定内部各组织的责、权、利，建立适合本校发展的治理结构和体系。推进人事制度和职称制度改革，增强办学活力。深化办学体制机制改革，以全省机械行业职业培训教集团为平台，在现有合作办学、共建共享的基础上，不断完善多元办学的体制机制，建立校内外、多部门高效协同机制，探索实施“高校专业联盟＋行业企业”的校企合作模式，推动政校企组建协同创新平台。形成资源共享、互促共赢的合作成效机制和产教融合、协同共管的人才共育机制。继续探索校企合作的新模式，双方共建以就业为导向的实践教学环境。拓展校企合作、共生共荣的发展空间，以资产共享、人员互聘、平台共建为纽带，探索混合所有制的办学形式。

### （三）提高国际化合作办学水平

党的十八届五中全会提出，开放是国家繁荣发展的必由之路。加强国际化合作办学已经成为经济全球化背景下的必然趋势，职业教育在国际化发展的道路上面临着前所未有的机遇与挑战。用开放发展理念推动职业教育开放与职业教育国际化，不仅可以使教育资源得到充分应用，还可以推动职业教育体制机制创新。我们将积极服务国家经济“走出去”的发展战略，做好教育对外开放与交流，积极参与合作与竞争，加强与具有先进职业教育理念和做法的国家交流合作，探索与“一带一路”沿线国家的职业教育合作，构建国际化人才培养基地，培养具有国际视野和先进技术水平的高端技术技能人才。加快引进国外高水平职业院校的优质教育资源，增加国际合作办学项目，创新合作模式，开拓合作新领域。通过外派学生实习、定向生联合培养、交换生共育、师资双向交流等形式，促进国际合作发展。利用学院的品牌和专业优势，服务于大型企业的国际化战略，建立股份制、混合所有制的境外合作机构，以境外公民为主要招生对象，为企业培养海外本土技术技能人才，提高学院的国际影响力。

登高望远，展望未来，学院将以名校建设为基础，巩固扩大已取得的各项成果，特色发展、全面发展，在构建现代职业教育体系中进一步发挥好示范作用，为“中国制造 2025”培养更多的高素质技术技能人才，为实现全面建成小康社会的目标作出应有贡献。

**图书在版编目（CIP）数据**

轨迹：校史教育读本 / 王韶明，周永主编. —北京：中国人民大学出版社，2016.9
ISBN 978-7-300-22487-9

人文素质与职业素养系列教材

Ⅰ. ①轨… Ⅱ. ①王… ②周… Ⅲ. ①山东劳动职业技术学院－校史 Ⅳ. ①G719.285.21

中国版本图书馆CIP数据核字（2016）第028752号

人文素质与职业素养系列教材
**轨迹——校史教育读本**
主编　王韶明 周　永
Guiji—— Xiaoshi Jiaoyu Duben

| | | | |
|---|---|---|---|
| **出版发行** | 中国人民大学出版社 | | |
| **社　　址** | 北京中关村大街31号 | **邮政编码** | 100080 |
| **电　　话** | 010－62511242（总编室） | | 010－62511770（质管部） |
| | 010－82501766（邮购部） | | 010－62514148（门市部） |
| | 010－62515195（发行公司） | | 010－62515275（盗版举报） |
| **网　　址** | http://www.crup.com.cn | | |
| **经　　销** | 新华书店 | | |
| **印　　刷** | 固安县铭成印刷有限公司 | | |
| **规　　格** | 185mm×260mm　16开本 | **版　　次** | 2016年9月第1版 |
| **印　　张** | 11 | **印　　次** | 2021年8月第5次印刷 |
| **字　　数** | 216 000 | **定　　价** | 38.00元 |